100 Rezepte

Leichte saisonale Küche

DiABETES
RATGEBER

ISBN: 978-3-927216-47-1
PZN: 13781648

1. Auflage 2017
© Wort & Bild Verlag Konradshöhe GmbH & Co. KG, Konradshöhe 1,
82065 Baierbrunn bei München, Handelsregister: Amtsgericht München HRA 44980
USt-ID: DE 130750628
Geschäftsführer: Andreas Arntzen (Vorsitzender), Dr. Dennis Ballwieser
Herausgeber: Dr. med. Marc Becker (Facharzt für Laboratoriumsmedizin)
Geschäftsadresse: Konradshöhe 1, 82065 Baierbrunn
Autoren: Angelika Karl (Rezeptentwicklung; freie Mitarbeit), Dr. Andreas Baum,
Anne-Bärbel Köhle
Projektleitung: Martina Giggenbach
Redaktion: Dr. med. Andreas Baum, Dr. Sabine Haaß, Angelika Karl, Anne-Bärbel
Köhle; Projektassistenz: Sabine Neumann, Ruth Pirhalla; Schlussredaktion: Eva
Wendel, Dr. Rita Krajicek
Leitende Artdirectorin: Silvia Dreyer
Layout: Petra Ohlsen
Bildredaktion: Michael Volkert
Fotos: Carsten Eichner (Rezepte), Thomas Dashuber
Illustrationen: Dr. Ulrike Möhle
Bildbearbeitung: Sabine von Transehe-Roseneck
Produktion: Angelika Emmert
Druck: Kösel GmbH & Co. KG, Am Buchweg 1, 87452 Altusried-Krugzell

Liebe Leserin und lieber Leser,

Rezepte vom *Diabetes Ratgeber:* Das klingt in Ihren Ohren nach Verzicht und Magerquark, nach Vernunfts-Kochen, wie es der Arzt empfohlen hat? Sie werden sehen: Sie irren sich gewaltig.

Leser unserer Zeitschrift kennen unsere leichten Genussrezepte schon seit vielen Jahren. Monat für Monat werden sie von Angelika Karl, einer Münchner Ernährungswissenschaftlerin, entwickelt und von einer Diabetesberaterin geprüft. Die Gerichte schmecken köstlich, da sind wir uns alle einig. Und schwer nachzukochen sind sie auch nicht.

Das Besondere an den 100 Rezepten, die wir für Sie in diesem Buch zusammengestellt haben: **Keines hat mehr als 550 Kilokalorien.** Alle sind für Menschen, die Insulin spritzen, mit BE- und KE-Angaben versehen. Die Zutaten wurden so gewählt, dass es nach dem Essen zu keinen raschen Blutzuckeranstiegen kommt. Und die Gerichte sind saisonal. Will heißen: Wir kochen überwiegend mit dem Obst und Gemüse, das es zu den jeweiligen Jahreszeiten gibt.

Lassen Sie sich verführen! Denn mit unserer Art zu kochen kann es Ihnen gelingen, Ihre Blutzucker- und Cholesterinwerte zu verbessern und langfristig an Gewicht zu verlieren.

Viel Spaß beim Genießen wünschen Ihnen

Dr. med. Andreas Baum
Internist, Editor at Large
Diabetes Ratgeber

Anne-Bärbel Köhle
Chefredakteurin
Diabetes Ratgeber

Frühling

Sommer

Herbst

Winter

Das Geheimnis der regionalen Küche

Wo leben die gesündesten und ältesten Menschen der Welt? Diese Frage trieb den amerikanischen Autor Dan Buettner zusammen mit einigen Altersforschern in entlegene Winkel der Erde. Fünf Gebiete machte die Truppe aus, in denen sich außergewöhnlich langlebige Zeitgenossen fanden. Im inneren Hochland auf Sardinien leben die meisten über hundertjährigen Männer. Auf der griechischen Insel Ikaria in der Ägäis fallen die Bewohner dadurch auf, dass sie sehr selten an Demenz erkranken und die geringste Sterblichkeit im mittleren Lebensalter aufweisen. Nicoya in Costa Rica liegt auf Platz zwei bei den über hundertjährigen Männern. In Loma Linda in Kalifornien werden die Menschen im Schnitt zehn Jahre älter als der Durchschnittsamerikaner. Und im japanischen Okinawa leben die ältesten Frauen der Welt.

Wann wächst was?

Das Bundeszentrum für Ernährung (BZfE) gibt auf seiner Webseite nützliche Tipps für nachhaltigen Konsum: *www.bfze.de*.

Außerdem findet sich dort ein Saisonkalender für Obst und Gemüse als PDF zum Ausdrucken (im Suchfeld „aid-Saisonkalender" eingeben).

Was aber verbindet einen Griechen auf einem kleinen Eiland mit einer japanischen Inselbewohnerin? Und was hat das alles mit der Ernährung zu tun? Sosehr sich die Lebens- und **Essgewohnheiten** von Land zu Land auf den ersten Blick unterschieden — eine Gemeinsamkeit fanden die Forscher eben doch. Überall auf der Welt essen Volksgruppen, die durch besondere Langlebigkeit auffallen, vergleichsweise wenig Fleisch und tierische Produkte. Die Basis ihres Speiseplans ist das, was gerade im eigenen Garten wächst. Mit einem Wort: Sie ernähren sich **saisonal und regional.**

Wer schon mal blasse, nach nichts schmeckende Erdbeeren im Winter gegessen hat, weiß: In der Frühlingssonne gereift, womöglich noch frisch vom Feld gepflückt, schmecken die roten Früchtchen viel besser als ihre

armseligen Kollegen, die per Flugzeug vom anderen Ende der Welt hertransportiert wurden. Von den **wertvollen Inhaltsstoffen,** die das Saisongemüse im Vergleich zur Exportware hat, ganz zu schweigen. Spargel im Dezember aus Südamerika? Er ist oft trocken, holzig, saft- und kraftlos. Und sündteuer obendrein. Im Frühjahr dagegen knirschen die Stangen, wenn man sie aneinanderreibt (übrigens eine gute Methode, um die Frische von Spargel zu überprüfen). Das weiße Edelgemüse schmeckt nicht labberig nach Pappe, sondern eben nach – Spargel. Und es steckt voller gesunder Inhaltsstoffe.

5 Gründe, warum sich Kochen nach den Jahreszeiten lohnt

1 Heimisches Obst und Gemüse der Saison kommen meist aus der Region. Der Weg vom Acker zum Supermarkt ist also nicht weit. Die **kurzen Anfahrtswege** halten den Energieverbrauch und den Ausstoß von klimaschädlichem CO_2 niedrig.

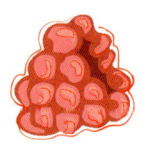

3 Obst und Gemüse **schmecken besser** und sind frischer. Das zahlt sich besonders bei leicht verderblichen Früchten wie Himbeeren oder Kirschen aus, die nach dem Pflücken nicht mehr nachreifen.

2 Gleiches gilt für den Anbau: Im Freiland gezogenes Gemüse sorgt für einen viel **geringeren CO_2-Ausstoß** als solches, das aus dem beheizten Treibhaus stammt.

Saisonal essen:
Was heißt das eigentlich?

Im Wesentlichen ist es schnell erklärt: Man ernährt sich von dem, was die Saison und die Region gerade hergeben. Das finden hierzulande viele Menschen erstrebenswert: Laut Naturschutzbund Deutschland ist es für knapp 70 Prozent der Konsumenten wichtig, dass Lebensmittel aus der Region kommen. **Regionale Produkte** lohnen sich dabei nicht nur aus gesundheitlichen und Genuss-Gründen, sondern auch aus ökologischen. Regionalware legt kurze Wege zurück, meist per Lastwagen. Das verringert den CO_2-Ausstoß und schont die Umwelt.

Aber Achtung: Der Begriff „aus der Region" ist durchaus dehnbar.

4 Die Preise sind oft deutlich niedriger als außerhalb der Saison. Außerdem unterstützen Sie die regionale Landwirtschaft. Sie essen automatisch **abwechslungsreicher:** im Frühling Spargel, im Spätsommer Pilze und Beeren und im Herbst und Winter Kohl. Das sorgt für Vielfalt auf dem Teller.

5 Sie lernen, Essen neu zu schätzen: Endlich wieder Rhabarber, Pfirsiche oder Brombeeren! Weil solche Lebensmittel zeitlich begrenzt verfügbar sind, genießt man sie **intensiver.**

Für „regional" gibt es derzeit keine gesetzliche Definition und auch kein wirklich aussagekräftiges Siegel. Regional kann also auch heißen, dass die Milch aus 500 Kilometern Entfernung kommt. Wenn eine Pizza das Label „regional" trägt, kann das bedeuten, dass das Mehl für den Teig zwar aus regionalem Anbau stammen mag, die weiteren Zutaten aber nicht. Wer sich regional und saisonal ernähren will, sollte sich also ansehen, woher die Ware kommt. Und die **Herkunft prüfen.** Bei Obst und Gemüse sowie bei unverarbeitetem und vorverpacktem Fleisch muss sie auf der Verpackung genannt werden. Kaufen Sie grenznah: **Heimisches Obst** ist am besten. Früchte wie Zitronen, Apfelsinen, Trauben oder Melonen aus Europa haben wegen der kürzeren Transportwege eine bessere Ökobilanz als Obst aus Übersee.

Diese Früchte reifen nach

Apfel
Nektarine
Feige
Mango
Banane
Aprikose
Avocado
Pfirsich
Papaya
Birne
Kiwi
Pflaume
Passionsfrucht
Tomate
Heidelbeere
Guave

Umweltfreundlich denken – und kochen!

Schnell verderbliche Sorten, die hierzulande nicht Saison haben und von außerhalb Europas stammen, kommen häufig per Flugzeug – als Transportmittel hat es laut Naturschutzbund Deutschland die weitaus schlechteste Ökobilanz. Das gilt etwa für Bohnen und Erdbeeren aus Ägypten. Auch **exotische Früchte** wie Papayas oder Mangos sind häufig Flugware. Bananen kommen meist mit dem Schiff – vergleichsweise umweltschonend. Bei unseren Gerichten haben wir bewusst darauf geachtet, Lebensmittel zu verwenden, die möglichst Saison haben. Doch gerade im Winter fällt es manchmal schwer, sich saisonal zu ernähren. Deshalb greifen wir hier auf Früchte und Gemüse zurück, die möglichst aus Europa stammen oder tiefgekühlt im Supermarkt erhältlich sind und somit eine relativ gute Ökobilanz haben.

Diese Früchte reifen nicht nach

Ananas
Grapefruit
Himbeere
Granatapfel
Kirsche
Erdbeere
Litschi
Clementine
Zitrone
Limette
Orange
Mandarine
Brombeere
Tafeltraube

Quelle: Leibniz-Institut für Agrartechnik

Frühling

Wie das schon duftet! An den Marktständen verlockt uns knackiger Spargel zum Einkauf. Zarter Kerbel, junger Salat, Rhabarber und die ersten Erdbeeren: Das haben wir im Winter **vermisst.** Das Beste daran: Mit solchen Zutaten fällt es uns gar nicht schwer, **leichter zu kochen** – und so ganz automatisch etwas für unsere Gesundheit und unsere Figur zu tun.

Kräutersuppe mit Radieschen

Zutaten

(für zwei Personen)
1 gehackte Zwiebel,
1 EL Öl, 200 g
Petersilienwurzel
und 100 g Kartof-
feln in Würfeln,
ca. 400 ml Gemüse-
brühe (Instant),
je ½ Bund glatte
Petersilie und Ker-
bel, 2 TL Sonnen-
blumenkerne,
50 ml Kochsahne
(15 % Fett), Salz,
Pfeffer (Mühle),
Muskat, 1 TL gerie-
bene Bio-Zitronen-
schale, 4 Radies-
chen in Stiften

Zubereitung

1 Zwiebel in Öl glasig dünsten. Petersilienwurzel und Kartoffeln hinzufügen. Mit Brühe ablöschen, aufkochen, zugedeckt 15 Minuten garen.

2 Kräuterblättchen abzupfen und
hacken, etwas Blattgrün beiseitelegen.

3 Sonnenblumenkerne in einer beschichteten Pfanne ohne Fett rösten.

4 Kräuter und Sahne in die Suppe
geben, kurz miterhitzen. Suppe mit
einem Passierstab fein mixen, dann
schaumig aufpürieren. Evtl. noch
heiße Brühe einrühren. Mit Salz,
Pfeffer, Muskat und Zitronenschale
abschmecken.

5 Suppe in Teller füllen. Radieschen-
stifte in die Mitte setzen. Mit Kernen
und Kräuterblättchen garnieren.

🌸 **ca. 200 kcal, 0,5 BE/KE** pro Person
🕐 ca. 30 Minuten
👨‍🍳👨‍🍳👨‍🍳 einfach

Frühlingssalat mit Hähnchenfilet

Zutaten

(für zwei Personen)
1 Ei, 100 g gemischter Pflücksalat (z. B. Blattsalat, Babyspinat, Rucola), ½ Fenchelknolle, 100 g Salatgurke in Würfeln oder halben Scheiben, 1 Frühlingszwiebel in Ringen, 2 bis 3 EL Weißweinessig, 1 EL Wasser, Salz, Pfeffer (Mühle), 1 TL mittelscharfer Senf, 1½ TL Honig, 2 EL Öl, 200 g Hähnchenbrustfilet in Streifen, etwas Fenchelgrün, Kresse

Zubereitung

1 Ei 8 Minuten kochen, abschrecken.

2 Salatblätter, Fenchel, Gurke und Zwiebel auf zwei Teller verteilen.

3 Für das Dressing Essig, Wasser, Gewürze, Senf, Honig und 1 EL Öl verrühren. Salat damit beträufeln.

4 Filet leicht salzen und pfeffern, in einer beschichteten Pfanne im restlichen Öl knusprig braten.

5 Geschältes Ei vierteln. Filet und Ei auf dem Salat anrichten, mit Fenchelgrün und Kresse garnieren.

✿ **ca. 290 kcal, 0,5BE/KE** pro Person
🕐 ca. 25 Minuten
👨‍🍳👨‍🍳👨‍🍳 einfach

Spargelsuppe mit Basilikum-Pesto

Zutaten

(für zwei Personen)
400 g weißer Spargel, 1 fein gehackte Zwiebel, 1 EL Öl, ca. 400 ml Gemüsebrühe (Instant), 1 EL Pinienkerne (fettfrei geröstet), 2 EL gehackte Basilikumblättchen, 1 TL Olivenöl, 1 EL geriebener Parmesan, Salz, 2 EL Zitronensaft, etwas abgeriebene Bio-Zitronenschale, 50 ml Kochsahne (15 % Fett), 50 g Frischkäse (natur, 0,2 % Fett), Pfeffer (Mühle), Muskat

Zubereitung

1 Spargel schälen, Enden abschneiden. Stangen in Stücke teilen.

2 Zwiebel in einem Topf in Öl glasig dünsten. Spargel hinzufügen. Mit Brühe ablöschen. Aufkochen, zugedeckt bei milder Hitze etwa 15 Minuten garen.

3 Inzwischen Pinienkerne mit Basilikum, Öl, Parmesan, 1 Prise Salz, Zitronensaft und -schale zu einem Pesto verarbeiten (mit dem Pürierstab oder im Blitzhacker).

4 Suppe mit Sahne und Frischkäse fein pürieren. Evtl. noch etwas heiße Brühe einrühren. Kurz erhitzen, aber nicht mehr aufkochen. Mit Salz, Pfeffer und Muskat abschmecken. Suppe in Schalen oder Teller füllen und mit Basilikum-Pesto garnieren.

 ca. 225 kcal, 0 BE/KE pro Person

 ca. 30 Minuten

 einfach

Spargel-Erdbeer-Salat

Zutaten

(für zwei Personen)
300 g geputzter grüner Spargel, Salz, 50 g Blattsalat (z. B. Burgunder-, Römersalat), etwas Rucola, 250 g halbierte Erdbeeren, 100 g Mini-Light-Mozzarella, 3 EL Himbeer- oder Apfelessig, 1½ TL Honig, 1 EL Öl, Pfeffer (Mühle), Basilikum, Schnittlauchröllchen, 1 EL Mandelstifte oder Pinienkerne (fettfrei geröstet)

Zubereitung

1 Spargel in 3 cm lange Stücke schneiden, in wenig Wasser mit 1 Prise Salz zugedeckt etwa 5 Minuten garen. Abgießen, Sud auffangen. Spargelstücke abkühlen lassen.

2 Salatblätter, Rucola, Spargel und die Hälfte der Erdbeeren mit Mozzarella auf zwei Tellern anrichten.

3 Für das Dressing die restlichen Erdbeeren mit Essig, etwas Spargelsud, Honig und Öl pürieren. Mit Salz und Pfeffer abschmecken.

4 Dressing auf dem Salat verteilen. Mit Basilikum, Schnittlauch und Mandelstiften oder Pinienkernen garnieren.

 **ca. 250 kcal, 1 BE/KE** pro Person

 ca. 20 Minuten

einfach

Spargel-Linsen-Pasta

VEGETARISCH

Zutaten

(für zwei Personen)
150 g Vollkorn-
nudeln, 40 g rote
Linsen, je 125 g
geputzter grüner
und weißer Spargel,
1 rote Zwiebel in
Streifen, 3 TL Oli-
venöl, 2 EL Weiß-
wein, 150 ml Gemü-
sebrühe (Instant),
½ rote Chilischote
in Ringen, 2 EL
gehackter Bärlauch,
40 g Parmesan-
späne
Für den Salat:
Weißweinessig,
1 TL Öl, Salz, Pfeffer
(Mühle), 100 g
Blattsalat, ½ Bund
Radieschen in Schei-
ben, Radieschen-
sprossen, Schnitt-
lauchröllchen

Zubereitung

1 Nudeln bissfest kochen, Linsen mitgaren.

2 Inzwischen Spargel schräg in 3 cm
lange Stücke schneiden, dicke Stangen
und Köpfe längs halbieren. Zwiebel
in einer beschichteten Pfanne in Öl andünsten, Spargel 2 Minuten mitrösten.

3 Mit Wein und Brühe ablöschen. Alles
zugedeckt etwa 5 Minuten bei milder
Hitze garen.

4 Abgetropfte Nudeln und Linsen mit
der Spargel-Soße mischen. Chili und
Bärlauch unterheben, abschmecken.
Mit Parmesanspänen bestreuen.

5 Essig-Öl-Dressing mit etwas Salz
und Pfeffer anrühren und mit den
Salatzutaten mischen. Salat zur Pasta
reichen.

 **ca. 540 kcal, 4,5 BE/5,5 KE** pro Person
 ca. 30 Minuten
einfach

Spinat-Pasta caprese

Zutaten

(für zwei Personen)
150 g Vollkornnudeln
(z. B. Farfalle),
1 rote Zwiebel in
Streifen, 2 EL Oliven-
öl, 1 gehackte
Knoblauchzehe,
2 EL trockener Weiß-
wein, 150 ml Ge-
müsebrühe (Instant),
100 g halbierte
Kirschtomaten,
150 g geputzter
Babyspinat, 20 g
Pinienkerne,
1 Packung Mini-
Light-Mozzarella
(125 g), Pfeffer
(Mühle), Chiliflocken

Zubereitung

1 Nudeln bissfest kochen. Zwiebel in einer beschichteten Pfanne in Öl andünsten. Knoblauch kurz mitdünsten. Mit Wein und Brühe ablöschen.

2 Tomaten dazugeben, zugedeckt etwa 2 Minuten garen. Spinat unterheben, kurz miterhitzen.

3 Pinienkerne in einer beschichteten Pfanne ohne Fett rösten.

4 Tomaten-Spinat-Mischung mit abgetropften Nudeln und Käse vermengen, mit Gewürzen und Chili abschmecken. Kerne darüberstreuen.

 **ca. 550 kcal, 4 BE/5 KE** pro Person

 ca. 25 Minuten

🍴🍴🍴 einfach

Halloumi-Rösti mit Frucht-Salat

Zutaten

(für zwei Personen)
250 g Süßkartoffeln,
80 g Grillkäse
(Halloumi), je 100 g
Zucchini und Möhren,
2 kleine Eier, Salz,
Pfeffer (Mühle)
Für den Dip:
3 EL Magerquark,
200 g Naturjoghurt
(entrahmt), 2 EL
Zitronensaft, 1 TL
geriebene Bio-Zitro-
nenschale, 1 TL
Harissa (Gewürz-
mischung), Minze
Für den Salat:
100 g Blattsalat
(Römersalat, Ra-
dicchio, Babyspinat),
etwas Rucola, 100 g
Salatgurke (halbierte
Scheiben), 2 Apri-
kosen (100 g) in
Spalten, 2 Erdbeeren
in Scheiben, Apfel-
oder Himbeeressig,
Salz, Pfeffer (Mühle),
1 TL Honig, 1 TL Öl

Zubereitung

1 Süßkartoffeln 5 Minuten garen,
abgekühlt pellen, raspeln. Grillkäse,
Zucchini und Möhren ebenfalls
raspeln. Alles mit den verquirlten
Eiern mischen, leicht salzen und
pfeffern. Aus der Masse Häufchen auf
ein mit Backpapier belegtes Blech
setzen. Bei 200 °C etwa 20 Minuten
backen.

2 Inzwischen für den Dip Quark mit
Joghurt, Zitronensaft, -schale, Harissa
und gehackten Kräutern verrühren.

3 Salatzutaten auf Teller oder Schalen
verteilen. Für das Dressing Essig,
Gewürze, Honig und Öl verrühren,
Salat damit beträufeln. Rösti mit Salat
und Dip servieren.

 ca. 520 kcal, 3,5 BE/4 KE pro Person
 ca. 40 Minuten
 einfach

Bärlauch-Nudel-Gratin

Zutaten

(für zwei Personen)
100 g Vollkorn-
nudeln (z.B. Penne,
breite Bandnudeln
in Stücken), 1 zarter
Kohlrabi (ca. 200 g)
mit Grün, ½ Bund
Bärlauch, 250 ml
Gemüsebrühe
(Instant), 2 EL Frisch-
käse (natur, 0,2 %
Fett), 50 ml Koch-
sahne (15 % Fett),
Salz, Pfeffer (Mühle),
2 Frühlingszwiebeln
in Ringen, 1 EL Öl,
100 g geputzte
Champignons in
Scheiben, 75 g hal-
bierte Kirschtoma-
ten, 60 g geriebener
würziger Käse
(30 % Fett; z.B.
Gouda, Emmentaler)

Zubereitung

1 Nudeln sehr bissfest garen. Geschäl-
ten Kohlrabi vierteln, in Scheiben
schneiden, zarte Blätter beiseitelegen.

2 Bärlauch hacken, mit Kohlrabi-
blättern und etwas Brühe pürieren.
Restliche Brühe, Frischkäse und
Sahne einrühren, salzen und pfeffern.

3 Zwiebelweiß in einer beschichteten
Pfanne in Öl andünsten. Kohlrabi etwa
2 Minuten bei mittlerer Hitze mitbraten,
Pilze kurz mitrösten. Tomaten und
Zwiebelgrün dazugeben, abschmecken.

4 Hälfte der Nudeln in eine Gratinform
geben. Hälfte des Gemüses darauf
verteilen. Mit etwas Käse bestreuen.
Rest der Nudeln und des Gemüses
einschichten. Mit restlichem Käse
bestreuen, mit Bärlauchsoße begießen.
Bei 200 °C etwa 20 Minuten backen.
Mit Bärlauchstreifen garnieren.

✹ **ca. 410 kcal, 2,5 BE/3 KE** pro Person
🕐 ca. 50 Minuten

 mittel

Kohlrabi-Schnitzel mit Salat

VEGETARISCH

Zutaten

(für zwei Personen)
500 g Kohlrabi,
Salz, 40 g Mehl
Type 1050, 2 kleine
Eier, 80 g (Voll-
korn-)Paniermehl,
1 EL gehackte Hasel-
nüsse, rote Pfeffer-
beeren, 2 EL Öl,
Zitronensaft
Für den Salat:
100 g Pflücksalat
(z. B. Blattsalat,
Babyspinat), 100 g
Salatgurke und
½ Bund Radies-
chen in Scheiben,
1 Frühlingszwiebel
in Ringen, Weiß-
weinessig, Salz,
Pfeffer (Mühle),
1 TL Honig, ½ TL
mittelscharfer Senf,
1 EL Öl

Zubereitung

1 Kohlrabi schälen, in 1 cm dicke
Scheiben schneiden. In reichlich
Wasser mit 1 Prise Salz 4 Minuten
garen. Abgießen, kalt abschrecken,
abtropfen und abkühlen lassen.

2 Inzwischen Salatgemüse auf zwei
Teller verteilen. Für das Dressing
Essig, Würzzutaten und Öl verrühren.
Salat damit beträufeln.

3 Mehl in einen tiefen Teller geben,
Eier in einem zweiten Teller verquirlen. Paniermehl mit Nüssen und
zerstoßenen Pfefferbeeren in einem
weiteren Teller mischen. Kohlrabi-
scheiben nacheinander in Mehl, Ei
und Paniermehl wenden.

4 In einer beschichteten Pfanne in hei
ßem Öl bei mittlerer Hitze von beiden
Seiten goldbraun braten. Mit Zitronensaft beträufeln. Zum Salat anrichten.

✹ **ca. 535 kcal, 4 BE/5 KE** pro Person
🕐 ca. 30 Minuten
👨‍🍳👨‍🍳👨‍🍳 einfach

Spargel-Pasta mit Ziegenkäse

Zutaten

(für zwei Personen)
120 g Vollkorn-
nudeln (z. B.
Spiralen, Farfalle),
350 g geputzter
grüner Spargel,
1 EL Mandelstifte,
1 Frühlingszwiebel
in Ringen, 3 TL
Olivenöl, 1 TL
Honig, Thymian,
150 ml Gemüse-
brühe (Instant),
5 halbierte Kirsch-
tomaten, 100 g
Ziegenfrischkäse
(natur), Salz,
Pfeffer (Mühle),
¼ Bund gehackter
Bärlauch, 1 TL
geriebene Bio-
Zitronenschale

Zubereitung

1 Nudeln bissfest garen. Inzwischen Spargel schräg in 4 cm lange Stücke schneiden, dicke Stangen und Köpfe längs halbieren.

2 Mandelstifte in einer beschichteten Pfanne ohne Fett rösten.

3 Zwiebelweiß in einer beschichteten Pfanne in Öl andünsten. Spargel kurz mitdünsten, dabei Honig und einige Thymianblättchen unterrühren. Mit Brühe ablöschen, zugedeckt etwa 5 Minuten köcheln. Tomaten kurz mitgaren. Frischkäse einrühren, leicht salzen und pfeffern. Bärlauch, Zwiebelgrün und Zitronenschale hinzufügen, kurz miterhitzen.

4 Abgetropfte Nudeln mit der Spargel-Soße mischen. Auf Teller verteilen. Mit Thymian und Mandeln garnieren.

❋ **ca. 440 kcal, 3,5 BE/4 KE** pro Person
🕐 ca. 20 Minuten
♟♟♟ einfach

Bulgur-Taler mit Frischkäse-Dip

Zutaten

(für zwei Personen)
200 ml Gemüsebrühe (Instant), 100 g Bulgur, 1 fein gehackte Zwiebel, 200 g fein geraspelte Zucchini, 40 g Frischkäse (natur, 0,2% Fett), 1 Ei, 20 g Mehl Type 1050, Salz, Pfeffer, 2 EL Öl

Für den Salat:
100 g Blattsalat, etwas Rucola, 6 halbierte Kirschtomaten, ½ Bund Radieschen in Scheiben, Schnittlauch, Kresse, Weißweinessig, ½ TL mittelscharfer Senf, Salz, Pfeffer, 1 EL Öl

Für den Dip:
50 g Frischkäse (natur, 0,2% Fett), 200 g Naturjoghurt (1,5% Fett), 2 EL Zitronensaft, 1 TL Honig, Salz, Pfeffer, 2 EL gehacktes Basilikum

Zubereitung

1 Brühe aufkochen. Bulgur einrühren, zugedeckt bei milder Hitze etwa 10 Minuten garen, abkühlen lassen. Mit Zwiebel, Zucchini, Frischkäse, Ei, Mehl und Gewürzen mischen. Kurz durchziehen lassen.

2 Inzwischen Salat und Dip zubereiten.

3 Aus der Bulgurmasse mit einem Esslöffel Portionen abstechen. In einer beschichteten Pfanne in Öl bei mittlerer Hitze auf jeder Seite etwa 5 Minuten braten, dabei leicht flach drücken. Taler mit Dip und Salat servieren.

✹ **ca. 515 kcal, 4 BE/5 KE** pro Person
🕐 ca. 35 Minuten
👨‍🍳👨‍🍳👨‍🍳 mittel

VEGETARISCH

Lammlachse mit Möhren

Zutaten

(für zwei Personen)
1 zerdrückte Knoblauchzehe, Saft und Schale von ½ Bio-Zitrone, 50 g mildes Ajvar (Paprika-Mus, Glas), 200 g geputzte Bundmöhren mit etwas Grün, 250 g Lammlachse, 2 EL Öl, 2 Rosmarinzweige, 150 ml Gemüsebrühe (Instant), ½ Bund Frühlingszwiebeln in Stücken, 100 g Zuckerschoten, 1½ TL Honig, Salz, Pfeffer (Mühle), 1 EL Kräuterfrischkäse (20 % Fett), 2 EL gehackte Petersilie; Backpapier

Zubereitung

1 Knoblauch, Zitronensaft, -schale und Ajvar verrühren. Fleisch damit bestreichen, 2 Stunden zugedeckt im Kühlschrank ziehen lassen.

2 Möhren mit Grün längs halbieren, 5 Minuten in leicht gesalzenem Wasser garen. Abgießen, Sud auffangen.

3 Fleisch in einer beschichteten Pfanne in 1 EL Öl anbraten, auf Backpapier setzen. Mit Rosmarin belegen, 2 EL Brühe darübergießen. Zu Päckchen verschließen, bei 200 °C 15 Minuten garen.

4 Frühlingszwiebeln in einer beschichteten Pfanne im restlichen Öl mit Möhren und Schoten 5 Minuten braten. Mit Honig, Salz und Pfeffer würzen. Mit 2 EL Brühe ablöschen, warm stellen.

5 Für die Soße restliche Brühe mit Möhrensud aufkochen. Mit Frischkäse und Petersilie pürieren, würzen.

 **ca. 370 kcal, 0,5 BE/KE** pro Person
🕐 30 Minuten + 2 Std. Marinieren
👨‍🍳👨‍🍳👨‍🍳 mittel

Thymian-Frikadellen auf Gemüse

FLEISCH

Zutaten

(für zwei Personen)
100 g Vollkornreis,
200 g mageres
Rinderhack, 2 EL
Magerquark, 1 klei-
ne, fein gewürfelte
Zwiebel, Salz,
edelsüßer Paprika,
Pfeffer (Mühle),
3 Thymianzweige,
1 EL Olivenöl
Für das Gemüse:
1 große rote Zwie-
bel in Streifen, 1 EL
Olivenöl, 150 g Zuc-
chini in Scheiben,
½ gelbe Paprika-
schote in Stücken,
1 Knoblauchzehe in
Scheiben, 6 halbier-
te Kirschtomaten,
2 Rosmarinzweige,
1 EL roter Balsami-
co-Essig, Salz, bun-
ter Pfeffer (Mühle)

Zubereitung

1 Reis garen. Inzwischen Hackfleisch
mit Quark, Zwiebelwürfeln, Gewürzen
und Thymianblättchen verkneten.
Frikadellen formen, in einer beschichteten Pfanne in 1 EL Öl braten, warm
stellen.

2 Rote Zwiebelstreifen in Bratfett und
Öl andünsten. Zucchini und Paprikaschote dazugeben, 5 Minuten bei
mittlerer Hitze braten. Knoblauch kurz
mitrösten, Tomaten und gehackte
Rosmarinnadeln hinzufügen. Mit Essig
und 2 EL Wasser ablöschen, kurz
aufkochen, abschmecken.

3 Gemüse mit Frikadellen und Reis
servieren.

✳ **ca. 535 kcal, 3 BE/3,5 KE** pro Person
🕐 ca. 25 Minuten
👨‍🍳👨‍🍳👨‍🍳 einfach

Steaks mit Spargel und Paprika

Zutaten

(für zwei Personen)
500 g kleine
Frühkartoffeln,
2 Rinderfiletsteaks
(à 125 g), bunter
Pfeffer (Mühle),
4 TL Olivenöl,
300 g geputzter
grüner Spargel,
1 TL Honig, Salz,
½ gelbe Paprika-
schote in Streifen
Für die Soße:
1 gehackte Zwiebel,
1 TL Olivenöl,
2 EL mildes Ajvar
(Paprika-Mus, Glas),
100 ml Fleisch-
brühe (Instant),
2 EL Kochsahne
(15 % Fett),
Thymianblättchen

Zubereitung

1 Kartoffeln garen, abkühlen lassen, ungeschält längs halbieren.

2 Steaks pfeffern, in einer beschich-teten Pfanne in 2 TL Öl anbraten. Auf einem mit Backpapier belegten Blech im Ofen bei 120 °C 15 Minuten garen.

3 Inzwischen Spargel längs halbieren, in Steakbratfett und restlichem Öl 5 Minuten braten, Kartoffeln und Paprikaschote 4 Minuten mitbraten. Mit Honig, Salz, Pfeffer abschmecken.

4 Für die Soße Zwiebel in einem Topf in 1 TL Öl andünsten, Ajvar unterrüh-ren. Mit Brühe und Sahne ablöschen. Mit Gewürzen und Thymian abschme-cken. Mit dem Pürierstab schaumig aufschlagen.

5 Pfannengemüse mit der Soße anrich-ten. Steak leicht salzen, darauflegen.

✸ **ca. 530 kcal, 3,5 BE/4 KE** pro Person
🕐 ca. 40 Minuten
👨‍🍳👨‍🍳👨‍🍳 mittel

Roastbeef-Kartoffel-Pfanne

Zutaten

(für zwei Personen)
500 g kleine Früh-
kartoffeln, 1 große
rote Zwiebel in
Spalten, 1 rote
Paprikaschote in
Streifen, 2 EL Öl,
2 EL gehackte
Petersilie, 100 g
Roastbeef-
Aufschnitt, Salz,
Pfeffer (Mühle)
Für den Dip:
200 g Naturjoghurt
(1,5% Fett),
2 EL Magerquark,
2 EL fettreduzierte
Salatcreme, rote
Pfefferbeeren,
2 kleine Gewürz-
gurken in Würfeln,
2 EL gehackter
Bärlauch

Zubereitung

1 Kartoffeln waschen, kochen, abkühlen lassen, ungeschält längs halbieren.

2 Für den Dip Joghurt, Quark, Salatcreme, Salz und zerstoßenen roten
Pfeffer verrühren. Gurken und Bärlauch
untermischen.

3 Zwiebel und Paprikaschote in
einer beschichteten Pfanne in 1 EL Öl
2 Minuten braten, herausnehmen.

4 Kartoffeln in Bratfett und restlichem
Öl 5 bis 10 Minuten braten. Würzen.
Paprikaschote und Zwiebel dazugeben,
Petersilie unterheben.

5 Roastbeef in Streifen schneiden,
kurz mitrösten. Mit dem Dip servieren.

 **ca. 515 kcal, 3,5 BE/4 KE** pro Person
 ca. 40 Minuten
 einfach

Hähnchen-Burger mit Pommes

Zutaten

(für zwei Personen)
300 g Kartoffeln,
Salz, 1 EL fettredu-
zierte Salatcreme,
2 EL Sauerrahm
(10 % Fett), etwas
gehacktes Basili-
kum, 2 Hähnchen-
schnitzel (à 100 g),
Pfeffer (Mühle),
1 EL Öl, 2 große
(Sesam-)Vollkorn-
brötchen (à 80 g),
Salatblätter, etwas
Rucola, 1 rote
Zwiebel in feinen
Ringen, 2 große
Erdbeeren in
Scheiben
Für den Dip:
80 g Magerquark,
2 EL Sauerrahm
(10 % Fett), 2 EL
Zitronensaft und
1 TL geriebene
Bio-Zitronenschale,
je 1 EL gehackter
Rosmarin und Thy-
mian, Salz, Pfeffer

Zubereitung

1 Kartoffeln schälen und in Stifte
schneiden. Auf einem mit Backpapier
belegten Blech verteilen, leicht salzen.
Bei 200 °C etwa 20 Minuten backen,
dabei wenden.

2 Für den Dip Quark, Sauerrahm,
Zitronensaft und -schale mischen. Mit
Kräutern und Gewürzen abschmecken.

3 Salatcreme mit Sauerrahm und
Basilikum verrühren. Schnitzel pfef-
fern, in einer beschichteten Pfanne in
Öl braten, salzen, herausnehmen.

4 Brötchen halbieren, mit Schnittflä-
che nach unten in der Pfanne anrösten.

5 Untere Brötchenhälften mit der
Creme bestreichen. Mit Salatblättern,
Rucola, Schnitzel, Zwiebelringen und
Erdbeeren belegen. Obere Brötchen-
hälften daraufsetzen. Mit Pommes
und Dip servieren.

✴ **ca. 525 kcal, 4,5 BE/5,5 KE** pro Person
🕐 ca. 30 Minuten
👨‍🍳👨‍🍳👨‍🍳 einfach

Gourmet-Steakteller

Zutaten

(für zwei Personen)
500 g Frühkartof-
feln, 750 g weißer
Spargel, Salz,
1 Prise Zucker,
Muskat, ½ Bio-
Orange (75 g),
½ Bund Kerbel,
4 EL Sauerrahm
(10 % Fett), Pfeffer
(Mühle), 200 g
Rinder-Minuten-
steaks, 1 EL Öl

Zubereitung

1 Kartoffeln waschen, garen. Spargel
schälen, Enden abschneiden. In
Wasser mit je einer Prise Salz, Zucker
und Muskat etwa 15 Minuten garen.
Abgießen, Sud auffangen.

2 Etwas Orangenschale in feine Streifen (Zesten) schneiden, ½ TL Schale
abreiben. Orangensaft auspressen.

3 Kerbelblättchen abzupfen, die Hälfte
fein hacken. Sauerrahm mit Orangensaft, -schale, Salz, Pfeffer und gehack-
tem Kerbel schaumig pürieren. Evtl.
etwas Spargelsud unterrühren.

4 Steaks pfeffern, in Öl von beiden
Seiten braten, leicht salzen.

5 Steaks, Spargel und ungeschälte
Kartoffeln auf zwei Tellern anrichten.
Mit dem Kerbel-Orangen-Schaum
begießen, mit restlichem Kerbel und
Orangenzesten garnieren.

✱ **ca. 470 kcal, 3,5 BE/4 KE** pro Person
🕐 ca. 35 Minuten
👨‍🍳👨‍🍳👨‍🍳 einfach

48

Lachsforelle mit Dillgurken

Zutaten

(für zwei Personen)
500 g festkochende Kartoffeln, 1 Bio-Zitrone, 300 g Salatgurke, 1 Bund Dill, 250 g Lachsforellenfilet, Salz, 1 fein gehackte Zwiebel, 3 TL Öl, 100 ml Gemüsebrühe (Instant), 100 g Sauerrahm (10 % Fett), 1 EL grober Senf, rote Pfefferbeeren

Zubereitung

1 Kartoffeln garen. Eine Hälfte der Zitrone auspressen, die andere vierteln. Gurke schälen, längs halbieren, mit einem Löffel entkernen. Quer in 1 cm breite Stücke schneiden. Dillblättchen hacken.

2 Fisch leicht salzen. Zwiebel in 1 TL Öl glasig dünsten. Gurken 2 Minuten unter Rühren mitdünsten, leicht salzen. Brühe angießen, kurz aufkochen.

3 Sauerrahm mit Senf verrühren, unter die Gurken mischen, von der Herdplatte ziehen. Mit Zitronensaft, Salz, zerstoßenen Pfefferbeeren und Dill abschmecken. Kartoffeln pellen.

4 Fisch in einer beschichteten Pfanne in 2 TL Öl auf beiden Seiten braten. Mit Gurken und Kartoffeln anrichten. Mit zerstoßenem Pfeffer, Dill und Zitronenspalten garnieren.

❊ **ca. 470 kcal, 3 BE/3,5 KE** pro Person
🕐 ca. 35 Minuten
♟♟♟ mittel

Knusperfisch mit jungem Grün

Zutaten

(für zwei Personen)
½ TL gemahlener
Koriander,
1 TL Chiliflocken,
2 EL (Vollkorn-)
Paniermehl,
300 g Seelachsfilet,
3 EL Olivenöl,
400 g geputzter
grüner Spargel,
1 fein gehackte
Knoblauchzehe,
gehackte Petersilie,
1 TL geriebene
Bio-Zitronenschale,
3 EL Zitronensaft
100 g verlesener
junger Spinat,
6 halbierte Kirsch-
tomaten, Salz,
Pfeffer (Mühle)

Zubereitung

1 Koriander mit Chili und Paniermehl
mischen. Fischfilet auf ein mit Backpapier belegtes Blech legen, mit 2 EL
Öl bepinseln, Bröselmischung darauf
verteilen. Im vorgeheizten Ofen bei
180 °C 15 Minuten backen.

2 Spargelspitzen abschneiden. Stangen schräg in 1 cm dicke Scheiben teilen, in einer beschichteten Pfanne im
restlichen Öl kräftig anbraten. Spitzen
dazugeben, 3 Minuten weiterbraten.

3 Knoblauch, Petersilie und Zitronenschale kurz mitbraten, mit Zitronensaft und 1 EL Wasser ablöschen. Spinat
untermischen, leicht zusammenfallen
lassen. Tomaten kurz miterhitzen. Mit
Salz und Pfeffer abschmecken. Fisch
mit dem Gemüse servieren.

🌣 **ca. 350 kcal, 0,5 BE/KE** pro Person
🕐 ca. 25 Minuten
👨‍🍳👨‍🍳👨‍🍳 einfach

Maischolle mit Pasta Primavera

Zutaten

(für zwei Personen)
120 g Vollkorn-
nudeln (z. B. Penne,
Spiralen), 250 g
Schollenfilet (oder
Zanderfilet, frisch
oder TK), Salz,
bunter Pfeffer
(Mühle), 2 EL Öl,
1 TL Honig, 2 EL
Zitronensaft, ½ fein
gehackte rote Chili-
schote, 2 Frühlings-
zwiebeln in Streifen,
1 kleiner Kohlrabi
und 200 g Bund-
möhren in Stiften,
4 EL Kochsahne
(15 % Fett), etwas
Bärlauch in Streifen,
2 Zitronenscheiben

Zubereitung

1 Nudeln bissfest kochen. (Aufgetau-
ten) Fisch leicht salzen und pfeffern.
Mit der Haut nach oben auf ein mit
Backpapier belegtes Blech geben. 1 EL
Öl mit ½ TL Honig, Zitronensaft und
Chili verrühren, Fisch damit bepinseln.
Unter dem Ofengrill 10 Minuten
backen.

2 Inzwischen Zwiebelweiß mit Kohlrabi und Möhren im restlichen Öl
3 Minuten dünsten. Sahne unterrühren, zugedeckt 5 Minuten garen.
Zwiebelgrün unterheben. Mit Salz,
Pfeffer und ½ TL Honig abschmecken.
Eventuell noch etwas Nudelwasser
dazugeben.

3 Mit Nudeln und Bärlauch mischen,
mit dem Fisch anrichten. Mit Zitronenscheiben garnieren.

✴ **ca. 520 kcal, 3,5 BE/4 KE** pro Person
🕐 ca. 25 Minuten
♟♟♟ mittel

Saibling „Müllerin Art"

FISCH

Zutaten

(für zwei Personen)
500 g Kartoffeln,
gehackte Petersilie,
2 EL Olivenöl, Salz,
2 Saiblingsfilets mit
Haut (ca. 300 g;
ersatzweise Forel-
le), Pfeffer (Mühle),
2 EL Zitronensaft,
20 g Mehl Type
1050, 4 Zitronen-
scheiben
Für den Salat:
100 g Blattsalat
(z.B. Batavia, Rö-
mersalat), 100 g Sa-
latgurke in Würfeln,
½ Bund Radieschen
in Scheiben,
1 Frühlingszwiebel
in feinen Ringen,
Kresse, Weißwein-
essig, ½ TL mittel-
scharfer Senf,
Salz, Pfeffer (Müh-
le), 1 EL Olivenöl

Zubereitung

1 Kartoffeln kochen, pellen, längs
vierteln. Mit Petersilie in einer
beschichteten Pfanne in 1 EL Öl kurz
braten, leicht salzen.

2 Während die Kartoffeln kochen,
den Salat zubereiten.

3 Fischfilets leicht salzen und pfeffern.
Mit Zitronensaft beträufeln und in
Mehl wenden. In einer beschichteten
Pfanne im restlichen Öl von beiden
Seiten goldgelb braten.

4 Filets mit je 2 Zitronenscheiben
garnieren. Dazu Petersilienkartoffeln
und Salat servieren.

❋ **ca. 530 kcal, 3,5 BE/4 KE** pro Person
🕐 ca. 35 Minuten
👨‍🍳👨‍🍳👨‍🍳 mittel

Erdbeerauflauf mit Pistazien-Crunch

Zutaten

(für zwei Personen)
2 EL gehackte Pistazien, 80 g zarte Vollkorn-Haferflocken, 2 TL Diätmargarine, 2 TL Honig, 1 TL geriebene Bio-Orangenschale, etwas Vanillemark, 2 Eier, 250 g Magerquark, 50 ml Orangensaft, 1 TL Mandellikör (oder etwas Bittermandel-Aroma), Süßstoff nach Bedarf, 250 g Erdbeeren

Zubereitung

1 Gratinform mit 1 TL Diätmargarine auspinseln. Pistazien und Haferflocken in einer beschichteten Pfanne anrösten. Mit restlicher Margarine, Honig, Orangenschale und Vanille mischen.

2 Eier trennen. Eiweiß steif schlagen. Quark mit Orangensaft, Eigelb, Likör oder Aroma und Süßstoff nach Bedarf cremig rühren. Eiweiß unterziehen.

3 In die Form füllen, mit halbierten Erdbeeren belegen. Haferflockenmischung darauf verteilen. Im Ofen bei 180 °C etwa 20 Minuten backen.

❋ **ca. 515 kcal, 3,5 BE/4 KE** pro Person
🕐 ca. 40 Minuten
♟♟♟ mittel

Kokos-Milchreis grün-rot

Zutaten

(für zwei Personen)
1 Vanilleschote,
250 ml Milch (1,5 %
Fett), 75 ml Koch-
sahne (15 % Fett),
1 TL Zucker, Salz,
100 g Milchreis,
125 g Erdbeeren,
1 Kiwi (60 g), 1 TL
abgeriebene Bio-
Zitronenschale,
1 EL Zitronensaft,
Süßstoff nach
Bedarf, 2 EL Kokos-
raspel (fettfrei
geröstet), Zitronen-
melisse oder Minze

Zubereitung

1 Vanilleschote längs einschneiden,
Mark herausschaben. Milch mit Sahne,
Vanilleschote, -mark, Zucker und einer
Prise Salz aufkochen. Reis einrühren.
Bei kleiner Hitze etwa 20 Minuten
quellen lassen, dabei regelmäßig um-
rühren.

2 Inzwischen Erdbeeren halbieren
oder vierteln. Kiwi schälen, grob
würfeln. Milchreis mit Zitronenschale,
Zitronensaft und Süßstoff nach Bedarf
abschmecken.

3 In Schalen oder Gläser füllen. Kokosraspel und Früchte darauf verteilen.
Mit Melisse- oder Minzeblättchen
garnieren.

✱ **ca. 405 kcal, 4,5 BE/5,5 KE** pro Person
🕐 ca. 30 Minuten
♟♟♟ einfach

Ingwer-Kokos-Schmarrn

Zutaten

(für zwei Personen)
2 Eier, 125 g Mehl
Type 1050, 200 ml
Mineralwasser
mit Kohlensäure,
1 TL fein gehackter
Ingwer, etwas
Vanillemark, 2 EL
Limettensaft,
2 EL Kokosraspel
(fettfrei geröstet),
Salz, 1 EL Öl, 250 g
Wassermelone
(Fruchtfleisch) und
2 Aprikosen (100 g)
in Würfeln, Süßstoff
nach Bedarf
Für den Dip:
125 g Magerquark,
1 TL geriebene
Bio-Limettenschale,
1 EL Limettensaft,
1 TL Honig,
gehackte Minze

Zubereitung

1 Eier trennen. Eigelb mit Mehl,
Mineralwasser, Ingwer, Vanillemark,
1 EL Limettensaft und 1 EL Kokosraspeln verquirlen, kurz quellen
lassen. Eiweiß mit 1 Prise Salz steif
schlagen, unterziehen.

2 Öl in einer beschichteten Pfanne
erhitzen. Teig bei mittlerer Hitze
backen, wenden und in Stücke reißen.

3 Früchte mit restlichem Limettensaft
und Süßstoff nach Bedarf mischen.

4 Für den Dip Quark mit den übrigen
Zutaten verrühren.

5 Schmarrn mit Fruchtsalat anrichten.
Mit den restlichen Kokosraspeln
bestreuen. Dazu den Dip servieren.

✹ **ca. 540 kcal, 5 BE/6 KE** pro Person
🕐 ca. 35 Minuten
👨‍🍳👨‍🍳👨‍🍳 mittel

Schoko-Crêpes mit Erdbeeren

Zutaten

(für zwei Personen)
125 g Mehl Type 1050, Salz, 2 Eier, 100 ml Milch (1,5 % Fett), 2 EL Kakaopulver, Vanillemark, 1 TL geriebene Bio-Zitronenschale, 100 ml Mineralwasser mit Kohlensäure, 250 g Erdbeeren, 2 TL Holunderblütensirup oder Honig, 1 EL Zitronensaft, 2 TL Öl, Minze oder Zitronenmelisse, 2 EL Mandelstifte (fettfrei geröstet)

Zubereitung

1 Mehl mit 1 Prise Salz, Eiern, Milch, Kakao, Vanille, Zitronenschale und Wasser zu einem Teig verquirlen. 10 Minuten quellen lassen.

2 Inzwischen die Hälfte der Erdbeeren mit Sirup oder Honig und Zitronensaft pürieren. Übrige Erdbeeren in Scheiben schneiden.

3 In einer beschichteten Pfanne in je 1 TL Öl zwei dünne Crêpes backen.

4 Mit Erdbeerpüree bestreichen, Erdbeeren darauf verteilen. Zu einem Viertelkreis klappen. Mit gehackter Minze oder Melisse und den Mandeln bestreuen.

✹ **ca. 525 kcal, 5 BE/6 KE** pro Person
🕐 ca. 30 Minuten
👨‍🍳👨‍🍳👨‍🍳 mittel

Sommer

Urlaubsstimmung in der Küche! Zucchini und Tomaten aus heimischem Anbau, dazu Kirschen und Melonen, die nach Ferien schmecken. Der Sommer treibt es **bunt!** Jetzt steht uns der Sinn nach **leicht Verdaulichem,** das uns in der Hitze nicht zusätzlich beschwert, nach kühlenden Suppen, Kräutern, Salat und den ersten Pilzen. Wer will bei diesem Wetter schon ständig drinnen sein, wenn man genauso gut **draußen** essen kann: beim Grillen, beim Picknick, im Biergarten ...

Gazpacho

Zutaten

(für zwei Personen)
½ Salatgurke, 1 fein gewürfelte rote Paprikaschote, 400 g vollreife, aromatische Tomaten, 2 Frühlingszwiebeln in Ringen, 1 gehackte Knoblauchzehe, 4 TL Olivenöl, 1 EL Zitronensaft, 1 TL Weißweinessig, 100 ml kalte Gemüsebrühe (Instant), Salz, Pfeffer, Cayennepfeffer, 1 Scheibe Vollkorn-Toast (30 g) in Würfeln, Basilikum

Zubereitung

1 Gurke schälen, längs halbieren, mit einem Löffel entkernen. Kerne aufheben. Fruchtfleisch fein würfeln. Je 2 EL Paprika- und Gurkenwürfel beiseitestellen. Tomaten hacken.

2 Zwiebelweiß, Knoblauch und restliche Paprikawürfel in 3 TL Öl etwa 3 Minuten andünsten. Mit Tomaten, Gurkenkernen, restlichen Gurkenwürfeln, etwas Zwiebelgrün, Zitronensaft, Essig und Brühe im Mixer fein pürieren. Evtl. noch etwas Wasser einrühren, würzen.

3 Suppe für mindestens 1 Stunde kalt stellen. Gazpacho mit dem gewürfelten, in 1 TL Öl gerösteten Toast, mit Gemüsewürfeln, Zwiebelgrün und Basilikum servieren.

✺ **ca. 190 kcal, 0,5 BE/KE** pro Person
🕐 ca. 25 Minuten + 1 Stunde Kühlen
👨‍🍳👨‍🍳👨‍🍳 einfach

Nizza-Salat

Zutaten

(für zwei Personen)
2 Eier, 150 g grüne
Bohnen, 1 kleiner
Salatkopf, 2 Toma-
ten, 2 EL Weißwein-
essig, 1 TL mittel-
scharfer Senf, Salz,
Pfeffer (Mühle),
1 EL Olivenöl,
1 rote Zwiebel
in Ringen, 1 Dose
Thunfisch (im
eigenen Saft, 150 g
Abtropfgewicht),
20 g schwarze
Oliven (entsteint,
ohne Öl eingelegt)

Zubereitung

1 Eier hart kochen. Bohnen putzen,
halbieren, in wenig Wasser mit 1 Prise
Salz 8 Minuten vorgaren. Abgießen,
dabei den Sud auffangen. Bohnen kalt
abschrecken.

2 Salat in Stücke zupfen, Tomaten
achteln, Eier vierteln. Essig mit
Senf, etwas Sud, Gewürzen und Öl
verrühren.

3 Salatblätter mit der Hälfte der
Vinaigrette mischen, auf Teller verteilen. Eier, Bohnen, Tomaten, Zwiebel,
zerpflückten Thunfisch und Oliven
daraufgeben. Mit der restlichen
Vinaigrette beträufeln.

KLEINE GERICHTE

✹ **ca. 290 kcal, 0 BE/KE** pro Person
🕐 ca. 30 Minuten
♟♟♟ einfach

Kräuter-Omelette mit Pfifferlingen

Zutaten

(für zwei Personen)
4 Eier, 50 ml Kochsahne (15 % Fett), gehackte Petersilie, 1 rote Zwiebel in feinen Streifen, 2 TL Öl, 200 g geputzte Pfifferlinge (evtl. halbiert), 1 gehackte Knoblauchzehe

Für den Salat:
100 g Blattsalat, 100 g Salatgurke und ½ Bund Radieschen in Scheiben, 1 Frühlingszwiebel in feinen Ringen, etwas Weißweinessig, Salz, Pfeffer (Mühle), 1 EL Öl, rote Rettichsprossen oder gehackter Dill

Zubereitung

1 Salat zubereiten.

2 Eier mit Kochsahne, Salz, Pfeffer und etwas Petersilie kräftig verquirlen.

3 Hälfte der Zwiebel in einer beschichteten Pfanne (25 cm Durchmesser) in Öl andünsten. Hälfte der Pfifferlinge zusammen mit etwas Knoblauch kurz mitrösten. Hälfte der Eiermasse darübergießen. Bei milder Hitze zugedeckt etwa 10 Minuten stocken lassen.

4 Omelette auf einen Teller gleiten lassen und warm stellen.

5 Aus den übrigen Zutaten ein weiteres Omelette zubereiten. Omelettes mit Petersilie garnieren. Dazu den Salat servieren.

ca. 350 kcal, 0 BE/KE pro Person
ca. 30 Minuten
einfach

Beeriger Gartensalat mit Feta

Zutaten

(für zwei Personen)
½ Kopf Blattsalat,
etwas Rucola oder
Radicchio, 1 Hand-
voll gemischte
Gartenkräuter
(z. B. Basilikum,
Minze, Thymian,
Zitronenmelisse),
150 g gemischte
Beeren (z. B. Him-
beeren, Johannis-
beeren), 100 g
Schafskäse (Feta,
9 % Fett i. Tr.),
20 g Pinienkerne,
3 TL Honig, 2 EL
Himbeer- oder
Apfelessig, Salz,
Pfeffer (Mühle),
1 EL Olivenöl

Zubereitung

1 Salatblätter mit Rucola oder Radicchio und den Kräutern auf Tellern
anrichten. Beeren darauf verteilen.

2 Feta würfeln und auf ein mit Backpapier belegtes Blech legen.

3 Pinienkerne ohne Fett vorsichtig
in der Pfanne rösten und über
den Feta streuen. 2 TL Honig darauf
träufeln. Im Ofen bei 200 °C etwa
5 Minuten backen.

4 Inzwischen für das Dressing Essig,
restlichen Honig, Salz, Pfeffer und
Öl mit 1 bis 2 EL Wasser verrühren
und auf dem Salat verteilen. Mit ofen-
frischem Knusper-Feta servieren.

ca. 275 kcal, 1,5 BE/2 KE pro Person

ca. 25 Minuten

einfach

VEGETARISCH

Paprika-Tomaten-Pasta

Zutaten

(für zwei Personen)
120 g Vollkorn-Spaghetti, 1 gehackte Zwiebel, 1 EL Olivenöl, 1 gelbe Paprikaschote in Streifen, 1 gehackte Knoblauchzehe, 1 TL Tomatenmark, 1 TL Honig, 150 g halbierte Cocktailtomaten, Thymianblättchen, Oregano, Salz, Pfeffer (Mühle), 20 g grüne Oliven (ohne Öl eingelegt) in Scheiben, 1 bis 2 TL roter Balsamico-Essig, 60 g Light-Mozzarella in Würfeln, etwas Rucola oder Basilikum, 2 EL Parmesanspäne

Zubereitung

1 Spaghetti bissfest kochen.

2 Inzwischen Zwiebel in einer beschichteten Pfanne in Öl andünsten. Paprika und Knoblauch kurz mitbraten. Tomatenmark und Honig unterrühren. Tomaten, Thymianblättchen und Oregano hinzufügen, leicht salzen und pfeffern. Zugedeckt bei milder Hitze 5 Minuten garen, dabei umrühren.

3 Oliven dazugeben. Soße mit Balsamico-Essig und Gewürzen abschmecken. Mozzarella hinzufügen, zugedeckt kurz anschmelzen lassen.

4 Abgetropfte Spaghetti mit der Soße mischen. Auf Teller verteilen, mit Rucola oder Basilikum garnieren. Mit Parmesan servieren.

✷ **ca. 400 kcal, 3,5 BE/4 KE** pro Person
🕐 ca. 20 Minuten
👨‍🍳👨‍🍳👨‍🍳 einfach

Gemüse-Päckchen mit Dip

Zutaten

(für zwei Personen)
150 g braune Champignons, 1 große Möhre, 2 Frühlingszwiebeln, 200 g Süßkartoffeln in Spalten, 150 g Kirschtomaten, 1 gepresste Knoblauchzehe, Salz, Pfeffer (Mühle), 4 TL Olivenöl, 2 Thymianzweige; 2 Bogen Alufolie (ca. 35 x 45 cm)

Für den Dip:
50 g Ziegenfrischkäse, 150 g Naturjoghurt (1,5 % Fett), Saft und etwas abgeriebene Schale von ½ Bio-Zitrone, 1 TL Honig, 1 gepresste Knoblauchzehe, 20 g gehackte schwarze Oliven, Salz, Pfeffer (Mühle), Chiliflocken, Basilikum

Zubereitung

1 Für den Dip Frischkäse mit Joghurt, Zitronensaft, -schale und Honig pürieren. Knoblauch und Oliven untermischen. Abschmecken, mit Basilikum garnieren.

2 Für die Gemüse-Päckchen Pilze putzen, halbieren, vierteln oder in dicke Scheiben schneiden. Möhre schälen, in dicke Streifen schneiden, Frühlingszwiebeln in 4 cm große Stücke teilen. Mit Süßkartoffeln, Tomaten und Knoblauch vermengen, würzen.

3 Alufolien in der Mitte mit je 1 TL Öl bepinseln. Mischung darauf verteilen. Mit je 1 TL Öl beträufeln. Thymianzweige daraufgeben. Zu Päckchen falten und 10 bis 15 Minuten auf den Grill legen oder auf einem Blech im Ofen bei 200 °C 30 Minuten garen.

✹ **ca. 365 kcal, 2,5 BE/KE** pro Person
🕐 ca. 40 Minuten
👨‍🍳👨‍🍳👨‍🍳 mittel

Auberginen-Lasagne

Zutaten

(für zwei Personen)
400 g Fleischtomaten, 1 gehackte Zwiebel, 3 EL Olivenöl, 1 gehackte Knoblauchzehe, 1 EL roter Balsamico-Essig, Salz, Cayennepfeffer, 2 Thymianzweige, 150 g Vollkorn-Lasagne-Platten, 1 Aubergine (ca. 400 g), 20 g frisch geriebener Parmesan, Basilikum
Für den Salat:
100 g Blattsalat, etwas Rucola, 1 Frühlingszwiebel in Ringen, Weißweinessig, Salz, Pfeffer (Mühle), 1 EL Olivenöl

Zubereitung

1 Tomaten waschen, entkernen, grob würfeln. Zwiebel in 1 EL Öl andünsten, Knoblauch kurz mitdünsten. Tomaten dazugeben, würzen. Zugedeckt 10 Minuten köcheln lassen. Fein pürieren, mit Essig, Gewürzen und Thymianblättchen abschmecken.

2 Lasagne-Platten bissfest kochen.

3 Inzwischen Aubergine längs in 5 mm dicke Scheiben schneiden. In einer beschichteten Pfanne im restlichen Öl portionsweise auf beiden Seiten braten. Leicht salzen, pfeffern und auf Küchenpapier abtropfen lassen.

4 Auberginenscheiben und abgetropfte Nudelplatten abwechselnd auf einen Teller schichten. Mit Tomatensoße begießen, Parmesan darüberstreuen. Mit Basilikum garnieren. Dazu den Salat reichen.

✹ **ca. 550 kcal, 4 BE/5 KE** pro Person
🕐 ca. 30 Minuten
👨‍🍳👨‍🍳👨‍🍳 mittel

Dinkel-Gemüse-Pfanne

Zutaten

(für zwei Personen)
125 g Dinkel (geschliffen, schnell kochend), je 100 g Möhren und Stangensellerie in Scheiben, 75 g grüne Erbsen (frisch oder TK), Gemüsebrühe (Instant), 1 rote Zwiebel in Streifen, 2 EL Öl, 1 gehackte Knoblauchzehe, 1 EL Zitronensaft, etwas Bio-Zitronenschale in Streifen, Salz, Pfeffer (Mühle), Muskat, Kardamom, gehackte Petersilie

Für den Dip:
200 g Naturjoghurt (1,5 % Fett), 2 EL Ricotta, 2 EL Zitronensaft, Salz, Pfeffer (Mühle), 2 EL gehackte Walnüsse (fettfrei geröstet)

Zubereitung

1 Dinkel mit ca. 250 ml Wasser etwa 15 Minuten zugedeckt köcheln lassen.

2 Inzwischen Möhren, Sellerie und Erbsen in wenig Brühe zugedeckt 5 Minuten bissfest garen.

3 Für den Dip Joghurt mit Frischkäse und Zitronensaft verrühren, würzen. Nüsse unterheben.

4 Zwiebel in einer beschichteten Pfanne in Öl andünsten, Knoblauch mitrösten. Gegartes Gemüse mit Sud hinzufügen, Dinkel untermischen.

5 Mit Zitronensaft, -schale, Gewürzen und Petersilie abschmecken. Dinkel-Gemüse-Pfanne mit dem Walnussdip servieren.

🌼 **ca. 500 kcal, 4 BE/5 KE** pro Person
🕐 ca. 30 Minuten
♟♟♟ einfach

Hähnchen-Souvlaki mit Zaziki

Zutaten

(für zwei Personen)
350 g kleine Kartoffeln, 1 TL Zitronensaft, 2 EL Gemüsebrühe (Instant),
3 TL Olivenöl, Oregano, Salz, Pfeffer (Mühle), 250 g Hähnchenbrustfilet in Würfeln, 1 rote Zwiebel in Streifen, 2 Zitronenspalten; Holzspieße

Für das Zaziki:
150 g geraspelte Salatgurke (ohne Kerne), Salz,
250 g Naturjoghurt (1,5 % Fett), etwas abgeriebene Bio-Zitronenschale,
1 TL Zitronensaft,
1 gepresste Knoblauchzehe, Minze

Zubereitung

1 Kartoffeln waschen und garen.

2 Inzwischen 1 TL Zitronensaft mit Brühe, 1 TL Öl, etwas Oregano sowie je 1 Prise Salz und Pfeffer verrühren. Fleisch damit bepinseln, auf Spieße schieben, ziehen lassen.

3 Für das Zaziki Gurke leicht salzen, kurz ziehen lassen. Vorsichtig in einem Sieb ausdrücken, Wasser abgießen. Joghurt, Zitronenschale, -saft, Knoblauch und Gurke verrühren. Abschmecken, mit Minze garnieren.

4 Spieße in einer beschichteten Pfanne in 1 TL Öl braten. Herausnehmen, im Ofen warm halten.

5 Kartoffeln ungeschält halbieren, in Bratfett und restlichem Öl rösten, salzen. Zu Spießen und Zaziki servieren. Mit Zwiebel und Zitrone garnieren.

✹ **ca. 390 kcal, 2,5 BE/3 KE** pro Person
🕐 ca. 30 Minuten
♟♟♟ einfach

Sommerleichte Frikadellen

Zutaten

(für zwei Personen)
200 g mageres
Rinderhack, 1 ge-
hackte Zwiebel,
2 EL Frischkäse
(natur, 0,2% Fett),
Salz, Pfeffer, edel-
süßer Paprika,
gehackte Petersilie,
1 EL Öl
Für den Salat:
500 g Kartoffeln,
1 Prise gemahlener
Kümmel, 1 Zwiebel,
175 ml heiße Gemü-
sebrühe (Instant),
Salz, bunter Pfeffer
(Mühle), ½ TL
mittelscharfer Senf,
3 bis 4 EL Weißwein-
essig, 1 EL Öl, ½ Bd.
Radieschen, Kresse
Für die Salsa:
½ Salatgurke (ent-
kernt) in Würfeln,
Salz, Schnittlauch,
2 EL Weißweinessig,
1 TL Honig, ¼ fein
gehackte Chilischote

Zubereitung

1 Kartoffeln mit Kümmel garen.

2 Inzwischen für das Dressing Zwiebel
hacken, mit Brühe übergießen. Mit
Salz, buntem Pfeffer, Senf, Essig und
Öl verrühren.

3 Kartoffeln noch warm pellen, in
Scheiben schneiden, sofort mit dem
Dressing mischen. Abkühlen lassen.
Radieschen in Scheiben schneiden
und unterheben. Abschmecken. Mit
Kresse garnieren.

4 Für die Salsa die Gurkenwürfel mit
Salz und den übrigen Zutaten mischen.

5 Hackfleisch mit Zwiebel und restlichen Zutaten verkneten. Frikadellen
formen, in einer beschichteten Pfanne
in Öl braten. Mit Salsa und Salat
servieren.

❋ **ca. 530 kcal, 3,5 BE/4 KE** pro Person
🕐 ca. 40 Minuten
♟♟♟ mittel

FLEISCH

85

Medaillons mit Mandelkruste

Zutaten

(für zwei Personen)
500 g kleine
Kartoffeln, 2 EL
gehackte Mandeln,
20 g (Vollkorn-)
Paniermehl, 2 TL
weiche Diätmarga-
rine, Salz, bunter
Pfeffer (Mühle),
200 g Schweinefilet
in Scheiben, 1 EL
Öl, 400 g geputzte
Bundmöhren
mit etwas Grün,
100 ml Gemüse-
brühe (Instant),
2 EL Frischkäse
(natur, 0,2% Fett),
1 TL Honig, ge-
hackte Petersilie,
Chiliflocken

Zubereitung

1 Kartoffeln garen. Inzwischen Mandeln mit Paniermehl, Margarine, Salz
und Pfeffer verkneten.

2 Medaillons in einer beschichteten
Pfanne in Öl von jeder Seite scharf
anbraten. Leicht salzen und pfeffern,
auf ein mit Backpapier belegtes Blech
geben. Mandelmasse darauf verteilen.
Im Ofen bei 180 °C etwa 10 Minuten
überbacken.

3 Möhren evtl. längs halbieren. Im
Bratfond kurz andünsten, mit Brühe
ablöschen, zugedeckt etwa 10 Minuten garen. Herausnehmen.

4 Frischkäse und Honig in den Sud
rühren, mit Gewürzen und Petersilie
abschmecken. Über die Möhren geben.

5 Kartoffeln pellen, mit Chili bestreu-
en. Zu Fleisch und Möhren reichen.

✻ **ca. 535 kcal, 4 BE/5 KE** pro Person
🕐 ca. 30 Minuten
👨‍🍳👨‍🍳👨‍🍳 einfach

Steaks mit Currysoße und Gemüse

Zutaten

(für zwei Personen)
500 g Kartoffeln,
150 g geputzte
breite grüne Boh-
nen, 200 g geputz-
te Bundmöhren,
2 TL Joghurtbutter,
Salz, bunter Pfeffer
(Mühle), Schnitt-
lauchröllchen, 3 TL
Öl, gehackte Peter-
silie oder Koriander,
4 dünne magere
Schweinelenden-
steaks (à ca. 50 g)
Für die Soße:
1 gehackte Zwie-
bel, 1 gehäufter TL
mildes Currypulver,
100 ml Fleisch-
brühe (Instant),
50 ml Kochsahne
(15 % Fett),
1 EL Zitronensaft

Zubereitung

1 Kartoffeln kochen. Inzwischen
Bohnen schräg in Stücke, Möhren in
Scheiben schneiden. Gemüse in
wenig Wasser mit 1 TL Butter 5 bis
8 Minuten garen, leicht salzen, pfeffern. Schnittlauch unterheben.

2 Kartoffeln pellen, längs halbieren. In
beschichteter Pfanne in je 1 TL Öl und
Butter schwenken, leicht salzen. Mit
Petersilie oder Koriander bestreuen.

3 Steaks pfeffern, in einer beschichteten Pfanne im restlichen Öl braten.
Herausnehmen, kurz warm halten.

4 Für die Soße Zwiebel im Bratfett
andünsten, Curry darüberstäuben.
Mit Brühe und Sahne ablöschen, unter
Rühren kurz aufkochen. Mit Zitronensaft abschmecken. Steaks mit Soße,
Kräuterkartoffeln und Gemüse anrichten.

❋ **ca. 500 kcal, 3 BE/3,5 KE** pro Person
🕐 ca. 40 Minuten
♟♟♟ einfach

FLEISCH

Pfeffersteak mit Kartoffelsalat

Zutaten

(für zwei Personen)
2 EL Zitronensaft,
1 gepresste Knob-
lauchzehe, 1 EL
fein gehackte
Kräuter (Petersilie,
Rosmarin), Salz,
1 EL Öl, 300 g
magere Schweine-
rückensteaks, rote
Pfefferbeeren

Für den Salat:
400 g festkochende
Kartoffeln, 1 gehack-
te Zwiebel, 2 EL Öl,
150 ml Gemüse-
brühe (Instant),
2 EL Weißweinessig,
Salz, Pfeffer, ½ TL
mittelscharfer Senf,
½ kleine Salat-
gurke, Schnitt-
lauchröllchen,
gehackter Dill oder
Kresse

Zubereitung

1 Für den Salat Kartoffeln garen,
abgießen, noch warm pellen.

2 Für das Dressing Zwiebel in 1 EL Öl
andünsten. Mit Brühe aufkochen, von
der Platte ziehen. Mit Essig, Salz,
Pfeffer und Senf abschmecken. In eine
Schüssel geben. Kartoffeln in Scheiben
schneiden und vorsichtig mit dem Sud
mischen. Abkühlen lassen.

3 Gurke evtl. längs halbieren, (ungeschält) in feine Scheiben hobeln. Mit
restlichem Öl und Schnittlauch unter
die Kartoffeln mischen. Abschmecken.
Mit Dill oder Kresse garnieren.

4 Zitronensaft, Knoblauch, Kräuter,
1 Prise Salz und Öl verrühren. Steaks
damit bepinseln. Auf dem Rost oder in
der Grillpfanne auf jeder Seite 2 bis
5 Minuten grillen bzw. braten. Mit zerstoßenen Pfefferbeeren bestreuen.

---

 ca. 450 kcal, 2,5 BE/3 KE pro Person
🕐 ca. 25 Minuten
👨‍🍳👨‍🍳👨‍🍳 einfach

Roastbeef mit Dillkartoffeln

Zutaten

(für zwei Personen)
500 g mittelgroße
(neue) Kartoffeln,
1 EL Öl, Salz,
gehackter Dill, rote
Rettichsprossen,
200 g Roastbeef
in Scheiben
Für die Remoulade:
200 g Natur-
joghurt (1,5 % Fett),
2 EL Magerquark,
1 EL fettreduzierte
Salatcreme,
1 TL abgeriebene
Bio-Zitronenschale,
2 EL Gurkensud
(Glas), Salz, bunter
Pfeffer (Mühle),
1 TL geriebener
Meerrettich, Schnitt-
lauchröllchen,
5 Radieschen und
2 kleine Gewürz-
gurken in Würfeln

Zubereitung

1 Kartoffeln gründlich säubern, garen.

2 Inzwischen für die Remoulade
Joghurt mit Quark, Salatcreme, Zitronenschale, Gurkensud, Salz, Pfeffer,
Meerrettich und Schnittlauch verrühren. Radieschen und Gewürzgurke
untermischen.

3 Die gegarten Kartoffeln (ungeschält)
längs halbieren oder vierteln. In einer
beschichteten Pfanne in Öl braten,
leicht salzen. Dill unterheben.

4 Sprossen auf das Roastbeef geben.
Fleisch zusammen mit der Remoulade
und den Kartoffeln anrichten.

ca. 500 kcal, 3,5 BE/4 KE pro Person
ca. 30 Minuten
einfach

FLEISCH

Geschnetzeltes auf Mandelreis

Zutaten

(für zwei Personen)
100 g Langkorn-Wildreis-Mischung, 250 g Kalbsschnitzel in Streifen, 2 EL Öl, 2 Frühlingszwiebeln in Ringen, 100 g Stangensellerie in Scheiben, ½ rote Paprikaschote in Streifen, 100 g geputzte braune Champignons (evtl. halbiert), 1 Tasse Fleischbrühe (Instant), 2 EL trockener Weißwein, 50 ml Kochsahne (15 % Fett), 1 TL abgeriebene Bio-Zitronenschale, Salz, edelsüßer Paprika, Pfeffer (Mühle), gehackte Petersilie, 1 EL Mandelstifte (fettfrei geröstet)

Zubereitung

1 Den Reis garen.

2 Inzwischen das Fleisch würzen, in einer beschichteten Pfanne in 1 EL Öl braten, herausnehmen.

3 Zwiebelweiß, Sellerie, Paprika und Pilze in Bratfett und restlichem Öl 5 Minuten dünsten. Mit Brühe, Wein und Sahne ablöschen. Alles kurz aufkochen, Fleisch unterheben. Mit Zitronenschale, Gewürzen und Petersilie abschmecken.

4 Reis mit Mandeln und etwas Petersilie mischen. Geschnetzeltes mit Zwiebelgrün garnieren, mit dem Reis servieren.

 ca. 495 kcal, 3 BE/3,5 KE pro Person

 ca. 35 Minuten

 mittel

Nussforelle mit Kräutersoße

Zutaten

(für zwei Personen)
500 g kleine (neue) Kartoffeln, 80 g gemischte Kräuter (z. B. Petersilie, Kerbel, Schnittlauch, Dill), 200 g Naturjoghurt (1,5 % Fett), 1 EL Sauerrahm, 1 TL mittelscharfer Senf, Salz, bunter Pfeffer (Mühle), 2 EL Saft und 1 TL abgeriebene Schale von 1 Bio-Zitrone, 250 g Lachsforellenfilet, 1 EL Olivenöl, 1 EL Haselnussblättchen
Für den Salat:
100 g Blattsalat, etwas Radicchio, 1 Frühlingszwiebel in feinen Ringen, ½ Bund Radieschen in Scheiben, 100 g Salatgurke in Würfeln, Kresse, Weißweinessig, Salz, Pfeffer (Mühle), 1 EL Olivenöl

Zubereitung

1 Kartoffeln gründlich waschen und garen.

2 Inzwischen die Kräuter abbrausen, Blätter abzupfen, zwei Drittel mit Joghurt, Sauerrahm und Senf pürieren. Mit Salz, Pfeffer, Zitronensaft und -schale abschmecken.

3 Den Salat zubereiten.

4 Forellenfilet leicht salzen und pfeffern. In einer beschichteten Pfanne in Öl auf beiden Seiten braten. Nussblättchen kurz mitrösten.

5 Fisch auf der Joghurtsoße anrichten, mit Nussblättchen und den restlichen Kräutern garnieren. Dazu (ungeschälte, evtl. halbierte) Kartoffeln und den Salat servieren.

✴ **ca. 510 kcal, 3,5 BE/4 KE** pro Person
🕐 ca. 30 Minuten
♟♟♟ einfach

Fisch-Saltimbocca mit Risotto

Zutaten

(für zwei Personen)
1 Zwiebel, 1 ge-
hackte Knoblauch-
zehe, 80 g Risotto-
reis, 5 TL Olivenöl,
300 ml heiße
Gemüsebrühe
(Instant), je 150 g
Zucchini und Möh-
ren, 300 g Seelachs-
filet (frisch oder
TK), Salz, Pfeffer
(Mühle), 30 g
magerer (italieni-
scher) Rohschinken,
4 Salbeiblätter,
Zitronensaft,
1 Zweig Rosmarin,
1 EL weißer
Balsamico-Essig,
1 TL abgeriebene
Bio-Zitronenschale,
1 EL geriebener
Parmesan; 4 kleine
Holzspieße

Zubereitung

1 Zwiebel halb würfeln, halb in Streifen schneiden. Zwiebelwürfel, Knoblauch und Reis in 1 TL Öl andünsten,
mit Brühe bedecken. Offen bei mittlerer Hitze etwa 20 Minuten garen, dabei
immer wieder umrühren. Restliche
Brühe nach und nach angießen.

2 Gemüse in Scheiben schneiden.
(Aufgetauten) Fisch würzen, auf 4 Tei-
le je 1 Schinkenstück und Salbeiblatt
stecken. In einer beschichteten Pfanne
in 2 TL Öl braten (Schinken-Salbei-
Seite zuerst). Herausnehmen, mit
Zitronensaft beträufeln, warm stellen.

3 Zwiebelstreifen, Gemüse und
gehackten Rosmarin in Bratfett und
restlichem Öl 5 Minuten braten. Mit
Essig und 1 EL Wasser aufkochen,
abschmecken. Zitronenschale und
Käse unter das Risotto mischen. Mit
Gemüse und Fisch anrichten.

✹ **ca. 480 kcal, 2,5 BE/KE** pro Person
🕐 ca. 40 Minuten
👨‍🍳👨‍🍳👨‍🍳 mittel

Ofen-Dorade mit Polenta

FISCH

Zutaten

(für zwei Personen)
2 Frühlingszwiebeln,
4 Rosmarinzweige,
je 1 rote und gelbe
Paprikaschote in
Streifen, 2 Knob-
lauchzehen in Schei-
ben, 2 TL Olivenöl,
Basilikum, 6 schwar-
ze Oliven (entsteint,
ohne Öl eingelegt),
2 TL Kapern (Glas),
Salz, bunter Pfeffer
(Mühle), 2 Doraden-
filets (à 150 g, frisch
oder TK), 2 TL Zitro-
nensaft; 2 Bogen
Backpapier, Küchen-
garn
Für die Polenta:
250 ml Gemüsebrü-
he (Instant), 200 ml
Milch (1,5 % Fett),
Salz, Pfeffer, 120 g
Maisgrieß (Instant),
4 Thymianzweige,
1 EL Zitronensaft,
1 TL abgeriebene
Bio-Zitronenschale

Zubereitung

1 Zwiebelweiß in Ringe, -grün in
Streifen schneiden. Rosmarinnadeln
zweier Zweige hacken. Paprika,
Zwiebelweiß, Knoblauch und Rosmarin in einer beschichteten Pfanne
in Öl 3 Minuten dünsten. Zwiebelgrün,
Basilikum, Oliven und Kapern dazugeben. Salzen und pfeffern.

2 Gemüse in der Mitte der Papierbo-
gen verteilen. (Aufgetaute) Fischfilets
darauflegen, leicht salzen und pfeffern. Mit Saft beträufeln, je 1 Rosma-
rinzweig daraufgeben. Papier über
dem Fisch zusammenfalten, Enden
mit Garn zubinden. Im Ofen bei 180 °C
etwa 15 Minuten garen.

3 Inzwischen für die Polenta Brühe
mit Milch, Salz und Pfeffer aufkochen.
Maisgrieß einrühren, nach Packungsanweisung ausquellen lassen. Mit
Thymianblättchen, Zitronensaft und
-schale abschmecken.

✴ **ca. 545 kcal, 4 BE/5 KE** pro Person
🕐 ca. 35 Minuten
👨‍🍳👨‍🍳👨‍🍳 mittel

FISCH

Pasta, Pesto und Garnelen

Zutaten

(für zwei Personen)
150 g Vollkorn-
nudeln (z. B. Penne),
250 g geputzte
grüne Bohnen,
100 g Stangen-
sellerie in feinen
Scheiben, ½ rote
Chilischote in
Ringen, 2 TL Oli-
venöl, 120 g Gar-
nelen (frisch oder
TK), 2 EL Zitronen-
saft, 1 EL ge-
riebener Parmesan
Für das Pesto:
1 gehackte Knob-
lauchzehe, 1 EL
Pinienkerne, 1 Hand-
voll Basilikumblätt-
chen, 3 TL Olivenöl,
1 EL geriebener
Parmesan, bunter
Pfeffer (Mühle),
Salz

Zubereitung

1 Nudeln bissfest kochen, halbierte
Bohnen 7 Minuten mitgaren. Abgießen, etwas Nudelwasser auffangen.

2 Für das Pesto Knoblauch mit Pinienkernen, Basilikum und Olivenöl
pürieren, Parmesan und evtl. etwas
Nudelwasser einrühren. Mit Pfeffer
und Salz abschmecken.

3 Nudeln, Bohnen, Pesto und 2 EL
Nudelwasser mischen.

4 Sellerie und Chili in einer beschichteten Pfanne in Olivenöl andünsten.
(Aufgetaute) Garnelen hinzufügen,
braten, mit Zitronensaft ablöschen.
Auf den Nudeln verteilen, mit Parmesan bestreuen.

✺ **ca. 540 kcal, 4 BE/5 KE** pro Person
🕐 ca. 30 Minuten
♟♟♟ mittel

Bohnen-Kartoffel-Salat mit Matjes

Zutaten

(für zwei Personen)
500 g festkochende
Kartoffeln, 250 g
grüne Bohnen,
1 Frühlingszwiebel,
1 EL Öl, 175 ml
Gemüsebrühe
(Instant), 3 EL Weiß-
weinessig, 1 TL
mittelscharfer
Senf, Salz, Pfeffer
(Mühle), gehackter
Dill, 150 g Matjes-
filets

Zubereitung

1 Kartoffeln garen.

2 Inzwischen Bohnen halbieren, in wenig Wasser zugedeckt in etwa 8 Minuten bissfest garen. In ein Sieb abgießen, Sud auffangen. Bohnen kalt abschrecken.

3 Zwiebelweiß fein würfeln, -grün in dünne Ringe schneiden.

4 Für das Dressing Zwiebelwürfel in Öl andünsten. Mit Brühe ablöschen, kurz aufkochen. Mit Essig, Senf und Gewürzen verrühren.

5 Kartoffeln abgießen, noch warm pellen. In Scheiben schneiden. Mit Bohnen in eine Schüssel geben. Dressing, Zwiebelringe und Dill untermischen. Evtl. noch etwas Bohnensud hinzufügen, abschmecken. Salat kurz durchziehen lassen. Mit Matjesfilets anrichten.

✹ **ca. 475 kcal, 3 BE/3,5 KE** pro Person
🕐 ca. 30 Minuten
♟♟♟ einfach

Zimt-Nuss-Milchreis

Zutaten

(für zwei Personen)
250 ml Milch (1,5 % Fett), 75 ml Kochsahne (15 % Fett), Salz, 100 g Milchreis, ewas Vanillemark, 1 TL abgeriebene Bio-Zitronenschale, Süßstoff nach Bedarf, 2 EL gehackte Haselnüsse, 1 TL Öl, Zimt, 1 TL Ahornsirup, 125 g Himbeeren, 125 g Heidelbeeren, Zitronenmelisse

Zubereitung

1 Milch mit Sahne und einer Prise Salz aufkochen. Reis und Vanillemark einrühren. Bei kleiner Hitze etwa 20 Minuten quellen lassen, dabei regelmäßig umrühren. Mit abgeriebener Zitronenschale und Süßstoff nach Bedarf abschmecken. Milchreis in Schalen oder Gläser füllen.

2 Haselnüsse in einer beschichteten Pfanne in Öl mit Zimt und Ahornsirup leicht karamellisieren.

3 Milchreis damit bestreuen. Mit Himbeeren, Heidelbeeren und Zitronenmelisse garnieren oder die Beeren dazu reichen.

 ca. 445 kcal, 4,5 BE/5,5 KE pro Person
 ca. 30 Minuten
 einfach

Vanille-Stracciatella-Küchlein

Zutaten

(für zwei Personen)
2 Eier, 70 g Ricotta,
75 g Mehl Type
1050, 50 g zarte
Vollkorn-Haferflo-
cken, 1 TL Vanille-
mark, 1 TL abgerie-
bene Bio-Zitronen-
schale, 100 ml
Mineralwasser mit
Kohlensäure, Süß-
stoff nach Bedarf,
20 g Raspelschoko-
lade (zartbitter),
3 TL Öl, Minze
Für das Kompott:
2 EL Zitronensaft,
100 ml Wasser, 1 TL
Honig, 100 g Apri-
kosen in Spalten,
200 g Brombeeren,
Zimt, 2 Tropfen Bit-
termandel-Aroma

Zubereitung

1 Für das Kompott Saft, Wasser und Honig erhitzen. Aprikosen und Beeren darin kurz aufkochen, mit Zimt und Aroma (Alternative: ein Spritzer Amaretto) abschmecken. Kalt stellen.

2 Für den Teig Eier trennen. Eigelb mit Ricotta, Mehl, Haferflocken, Vanillemark, Zitronenschale, Mine-ralwasser und Süßstoff nach Bedarf kräftig verquirlen, 5 Minuten quellen lassen. Eiweiß steif schlagen, mit Schokoraspeln unter den Teig ziehen.

3 Öl in einer beschichteten Pfanne er-hitzen, Küchlein backen. Mit Kompott servieren, mit Minze garnieren.

✿ **ca. 550 kcal, 4,5 BE/5,5 KE** pro Person
🕐 ca. 30 Minuten
♟♟♟ mittel

Grießschmarrn mit Kirschen

Zutaten

(für zwei Personen)
2 Eier, 40 g Weizen-
vollkornmehl,
40 g Hartweizen-
grieß, 1 TL Va-
nillemark, 1 TL
abgeriebene Bio-
Zitronenschale,
100 ml Milch (1,5 %
Fett), 2 TL Ahorn-
sirup, Salz, 1 EL Öl,
2 TL Joghurtbutter,
2 EL gehackte
Haselnüsse, 2 TL
Puderzucker,
Zitronenmelisse
Für das Kompott:
2 EL Zitronensaft,
4 EL Wasser,
1 TL Ahornsirup,
250 g Süßkirschen
(entsteint), Zimt,
2 Tropfen Rum-
Aroma

Zubereitung

1 Für das Kompott Zitronensaft,
Wasser und Ahornsirup erhitzen.
Kirschen darin aufkochen, mit Zimt
und Rum-Aroma abschmecken.
Kalt stellen.

2 Für den Teig Eier trennen. Eigelb mit
Mehl, Grieß, Vanillemark, Zitronenschale, Milch und Ahornsirup kräftig
verquirlen. 5 Minuten quellen lassen.

3 Eiweiß mit 1 Prise Salz steif schlagen,
unter den Teig ziehen.

4 Öl in einer beschichteten Pfanne erhitzen. Teig bei mittlerer Hitze backen,
wenden, in Stücke reißen, dabei Butter
und Nüsse zugeben. Mit Puderzucker
bestreuen, mit Melisse garnieren.
Kompott dazu reichen.

✱ **ca. 530 kcal, 5 BE/6 KE** pro Person
🕐 ca. 40 Minuten
👨‍🍳👨‍🍳👨‍🍳 einfach

Obstsalat mit Krokant-Schaum

Zutaten

(für zwei Personen)
200 g Aprikosen,
150 g Süßkirschen,
125 g verlesene
Stachelbeeren oder
Heidelbeeren,
4 TL Orangensaft,
150 g Magerquark,
2 EL Milch (1,5 %
Fett), 1 TL flüssiger
Honig, Mark von
½ Vanilleschote,
1 EL Vollkorn-
Haferflocken, 1 EL
Mandelblättchen,
1 TL Ahornsirup
oder Honig, 1 Prise
Zimt, Zitronen-
melisse

Zubereitung

1 Aprikosen entsteinen, in Spalten schneiden. Kirschen entsteinen. Stachelbeeren evtl. halbieren. Früchte auf zwei Schälchen verteilen, mit 2 TL Orangensaft beträufeln.

2 Quark mit Milch, restlichem Orangensaft, Honig und Vanillemark schaumig quirlen.

3 Für das Krokant Haferflocken mit Mandelblättchen in einer beschichteten Pfanne ohne Fett kurz rösten, mit Ahornsirup oder Honig und Zimt leicht karamellisieren. Etwas abkühlen lassen.

4 Quarkschaum auf dem Obst verteilen, mit zerbröckeltem Krokant und Melisse garnieren.

✹ **ca. 255 kcal, 3 BE/3,5 KE** pro Person
🕐 ca. 25 Minuten
👨‍🍳👨‍🍳👨‍🍳 einfach

Kokos-Küchlein mit Kompott

Zutaten

(*für zwei Personen*)
2 Eier, 100 g Frisch-
käse (natur, 0,2 %
Fett), 100 ml
Mineralwasser mit
Kohlensäure, 100 g
Mehl Type 1050,
25 g zarte Vollkorn-
Haferflocken, 1 TL
geriebener Ingwer,
etwas Vanillemark,
1 EL Limettensaft,
etwas abgeriebene
Bio-Limetten-
schale, 1 EL Kokos-
raspel, Süßstoff
nach Bedarf, 3 TL
Öl, frische Minze
Für das Kompott:
4 EL Wasser, 2 EL
Zitronensaft, etwas
Vanillemark, 1 TL
Honig, 2 Tropfen
Rum-Aroma,
200 g Süßkirschen
(entsteint)

Zubereitung

1 Eier trennen. Eigelb mit Frischkäse,
Mineralwasser, Mehl, Haferflocken,
Ingwer, Vanillemark, Limettensaft und
-schale, Kokosraspeln und Süßstoff
nach Bedarf verrühren. Quellen lassen.

2 Inzwischen für das Kompott Wasser
mit Saft, Vanillemark, Honig und Rum-
Aroma erhitzen. Kirschen darin aufkochen, umrühren, vom Herd nehmen.

3 Eiweiß steif schlagen, unter den Teig
ziehen.

4 Öl in einer beschichteten Pfanne erhitzen, Küchlein backen. Mit Kompott
anrichten. Mit Minze garnieren.

🏵 **ca. 535 kcal, 5 BE/6 KE** pro Person
🕐 ca. 30 Minuten
👨‍🍳👨‍🍳👨‍🍳 mittel

Herbst

Die Tage werden kürzer. Die Temperaturen fallen. Kein Grund zur Trübsal! Jetzt ist die beste Zeit, um sich kulinarisch von innen **zu wärmen.** Köstliche Eintöpfe und deftige Suppen nähren unsere Seele. Die Natur beschenkt uns mit reichen Gaben: Endlich gibt es Pilze satt, zartes Herbstgemüse und Wildbraten, frisch gepflückte Äpfel und Birnen. Und was sagen wir? Ein herzliches **Erntedank!**

Kürbissuppe mit Pesto

Zutaten

(für zwei Personen)
1 gehackte Zwiebel,
2 TL Öl, 300 g
Kürbisfruchtfleisch
(Muskatkürbis,
Hokkaido) und
125 g Petersilien-
wurzel in Würfeln,
500 ml Gemüse-
brühe (Instant),
100 g geputzte
Pilze (z. B. Cham-
pignons, Kräuter-
seitlinge), Salz,
Pfeffer (Mühle)
Für das Pesto:
20 g Kürbiskerne,
je 1 EL gehackte
Petersilie und Ba-
silikum, 1 gehackte
Knoblauchzehe,
je 1 TL Oliven- und
Kürbiskernöl, Salz,
Pfeffer (Mühle),
Saft und etwas
abgeriebene Schale
von ½ Bio-Zitrone

Zubereitung

1 Zwiebel in 1 TL Öl andünsten. Kürbis und Petersilienwurzel dazugeben. Mit Brühe ablöschen. Alles aufkochen, zugedeckt bei milder Hitze etwa 20 Minuten garen.

2 Inzwischen für das Pesto Kerne in einer Pfanne ohne Fett rösten, ab-kühlen lassen. Mit den übrigen Zutaten zu einer sämigen Paste pürieren.

3 Pilze würfeln, in einer beschichteten Pfanne im restlichen Öl braten, salzen und pfeffern.

4 Suppe pürieren, abschmecken. Mit Pilzen und Pesto servieren.

 ca. 215 kcal, 0,5 BE/KE pro Person
 ca. 35 Minuten
 einfach

Chinakohl mit Putenröllchen

Zutaten

(für zwei Personen)
250 g zarter China-
kohl in Streifen,
100 g Rote Bete
(gegart, vakuum-
verpackt) in feinen
Würfeln, 1 Früh-
lingszwiebel in
Ringen, 1 filetierte
Orange (150 g,
Saft auffangen),
3 EL Obstessig,
½ TL mittelscharfer
Senf, 1½ TL Honig,
1 EL Öl, Salz, bunter
Pfeffer (Mühle),
100 g geräucherte
Putenbrust in Schei-
ben, 100 g Frisch-
käse (natur, 0,2 %
Fett), Kresse

Zubereitung

1 Chinakohl mit Roter Bete, Frühlingszwiebel und Orangenfilets auf zwei
Tellern anrichten.

2 Für das Dressing Essig mit Orangensaft, Senf, Honig und 1 EL Wasser
verrühren. Öl unterschlagen, mit Salz
und Pfeffer abschmecken. Salat damit
beträufeln.

3 Putenbrustscheiben mit Frischkäse
bestreichen und aufrollen. Auf dem
Salat anrichten, mit Kresse garnieren.

✸ **ca. 235 kcal, 1 BE/KE** pro Person
🕐 ca. 20 Minuten
♟♟♟ einfach

Erntedank-Minestrone

Zutaten

(für zwei Personen)
75 g Lauch in feinen Ringen, 1 EL Olivenöl, 1 Knoblauchzehe, 1 EL Tomatenmark, 600 ml Gemüsebrühe (Instant), 150 g Steckrübe in Würfeln, je 100 g Blumenkohlröschen, Stangensellerie in feinen Scheiben und zarter Spitzkohl in kurzen Streifen, etwas Selleriegrün, Salz, Pfeffer (Mühle), 1 TI Fenchelsaat, 5 halbierte Kirschtomaten, gehackte Kräuter (z. B. Petersilie, Thymian, Basilikum), 30 g frisch geriebener Parmesan

Zubereitung

1 Lauch in Öl andünsten, Knoblauch hacken und kurz mitbraten, Tomatenmark unterrühren. Mit Brühe ablöschen.

2 Steckrübe, Blumenkohl und Stangensellerie hinzufügen. Mit Salz, Pfeffer und Fenchelsaat würzen. Aufkochen und zugedeckt bei milder Hitze etwa 10 Minuten garen.

3 Spitzkohl und Tomaten dazugeben. Etwa 8 Minuten weitergaren. Mit Gewürzen und Kräutern abschmecken. Käse darüberstreuen und servieren.

 ca. 190 kcal, 0 BE/KE pro Person
 ca. 35 Minuten
 einfach

Herbstsalat mit Pfifferlingen

Zutaten

(für zwei Personen)
75 g Blattsalat (z. B. Eichblatt, Batavia), etwas Radicchio und Rucola, 1 Fenchelknolle in Streifen, 1 Frühlingszwiebel in Ringen, 6 halbierte Kirschtomaten, 200 g geputzte Pfifferlinge, 3 EL Weißweinessig, ½ TL mittelscharfer Senf, 2 TL Honig, 4 TL Olivenöl, Salz, Pfeffer (Mühle), 2 EL gehackte Walnüsse, 60 g Blauschimmel-Weichkäse (30 % Fett i. Tr.) in Würfeln, 1 Knoblauchzehe

Zubereitung

1 Salatblätter und Radicchio in Stücke zupfen. Mit Rucola, Fenchel, Frühlingszwiebel und Tomaten auf zwei Teller verteilen. Pilze evtl. halbieren.

2 Für das Dressing Essig mit Senf, 1 TL Honig und 1 EL Wasser verrühren, 3 TL Öl unterschlagen. Mit Salz und Pfeffer abschmecken. Über den Salat träufeln.

3 Nüsse in einer beschichteten Pfanne ohne Fett anrösten, mit restlichem Honig kurz karamellisieren, herausnehmen.

4 Knoblauch hacken. Pilze in der Pfanne im restlichen Öl 3 Minuten braten, Knoblauch kurz mitrösten. Leicht salzen, pfeffern, auf dem Salat anrichten. Mit Nüssen und Käse garnieren.

✹ **ca. 295 kcal, 0,5 BE/KE** pro Person

🕐 ca. 25 Minuten

👨‍🍳👨‍🍳👨‍🍳 einfach

Apfel-Zwiebel-Suppe

Zutaten

(für zwei Personen)
1 kleiner Apfel
(110 g), 50 ml tro-
ckener Weißwein,
1 TL weißer Balsa-
mico-Essig, 1 Zweig
Rosmarin oder Thy-
mian, 250 g große
weiße Zwiebelringe,
1 EL Öl, 1 gehackte
Knoblauchzehe,
Salz, bunter Pfeffer
(Mühle), ca. 500 ml
Gemüsebrühe
(Instant), 30 g
geriebener Käse
(z. B. Emmentaler,
Bergkäse, 30 % Fett
i. Tr.), 2 dünne
Scheiben Vollkorn-
Baguette oder
1 Scheibe Voll-
korn-Toast (30 g)

Zubereitung

1 Apfel schälen, reiben. Sofort mit
Wein und Essig mischen. Rosmarinnadeln hacken oder Thymianblättchen
abzupfen.

2 Zwiebelringe in heißem Öl etwa
3 Minuten unter Rühren andünsten,
Knoblauch kurz mitrösten. Leicht
salzen und pfeffern, Hälfte der Kräuter dazugeben. Apfel-Wein-Mischung
unterrühren. Mit Brühe aufkochen,
zugedeckt bei milder Hitze 15 Minuten
garen.

3 Käse mit restlichen Kräutern mischen. Baguette-Scheiben oder diagonal halbierten Toast im Toaster oder
Backofen bei 200 °C kurz rösten.

4 Suppe abschmecken, auf ofenfeste
Tassen verteilen. Mit je 1 Brotscheibe
belegen, mit Käse bestreuen, pfeffern.
Im heißen Ofen 5 Minuten gratinieren.

✹ **ca. 190 kcal, 1 BE/KE** pro Person
🕐 ca. 35 Minuten
👨‍🍳👨‍🍳👨‍🍳 einfach

Jäger-Pasta mit Feldsalat

Zutaten

(für zwei Personen)
150 g Vollkorn-Bandnudeln (Tagliatelle), je 100 g geputzte Steinpilze und Pfifferlinge, 1 rote Zwiebel in Streifen, 1 EL Öl, 1 gehackte Knoblauchzehe, 4 Thymianzweige, 100 ml Gemüsebrühe (Instant), 75 ml Kochsahne (15 % Fett), 2 EL trockener Weißwein (oder Zitronensaft), Salz, 40 g geriebener Bergkäse, rote Pfefferbeeren
Für den Salat:
100 g Hokkaido-Kürbis in kleinen Würfeln, 1 EL Öl, 3 EL Weißweinessig, 1 EL Wasser, Salz, Pfeffer (Mühle), 100 g Feldsalat

Zubereitung

1 Nudeln bissfest kochen. Inzwischen Pilze halbieren oder vierteln.

2 Zwiebel in einer beschichteten Pfanne in Öl andünsten. Pilze dazugeben, etwa 3 Minuten kräftig anbraten. Knoblauch und abgezupfte Thymianblättchen kurz mitbraten. Mit Brühe, Sahne und Wein (oder Zitronensaft) ablöschen, leicht salzen. Zugedeckt bei milder Hitze etwa 2 Minuten köcheln lassen.

3 Für den Salat Kürbis in einer beschichteten Pfanne in Öl etwa 5 Minuten knusprig braten. Mit Essig und Wasser ablöschen, leicht salzen und pfeffern. Etwas abkühlen lassen, unter den Feldsalat heben.

4 Abgetropfte Nudeln mit der Pilzsoße mischen. Mit Käse und zerstoßenem Pfeffer servieren.

✺ **ca. 530 kcal, 4 BE/5 KE** pro Person
🕐 ca. 25 Minuten
👨‍🍳👨‍🍳👨‍🍳 einfach

Kürbis-Lasagne

Zutaten

(für zwei Personen)
Je 1 gehackte Zwiebel und Knoblauchzehe, 1 EL Olivenöl, 400 g Hokkaido-Kürbis in Würfeln, 250 ml Gemüsebrühe (Instant), Salz, Pfeffer (Mühle), Cayennepfeffer, 6 Vollkorn-Lasagne-Platten (ohne Vorkochen, ca. 130 g), 1 rote Paprikaschote in Würfeln, frischer Rosmarin und Thymian, 100 g Feta (Schafskäse, 9 % Fett i. Tr.), 2 EL Kürbiskerne
Für den Salat:
100 g Blattsalat, 1 kleine Fenchelknolle in Streifen, Weißweinessig, Salz, Pfeffer (Mühle), 1 EL Öl, Schnittlauchröllchen

Zubereitung

1 Zwiebel und Knoblauch in Öl andünsten. Mit Kürbis in der Brühe zugedeckt bei milder Hitze 10 Minuten garen, grob pürieren, würzen.

2 Kürbis-Soße dünn auf den Boden einer Gratinform streichen, mit zwei Lasagne-Platten belegen. Ein Drittel der restlichen Soße darauf verteilen. Mit der Hälfte der Paprikawürfel und gehackten Kräutern bestreuen.

3 Zwei Lasagne-Platten darauflegen. Etwas Soße, restliche Paprika, Kräuter und 2 EL zerbröckelten Feta darauf verteilen. Mit restlichen Lasagne-Platten, übriger Soße und zerbröckeltem Feta bedecken. Mit Kernen garnieren.

4 Im Ofen bei 180 °C 30 Minuten backen. Anschließend mit frischen Kräutern bestreuen. Dazu den Salat servieren.

🌼 **ca. 540 kcal, 4 BE/5 KE** pro Person
🕐 ca. 50 Minuten
👨‍🍳👨‍🍳👨‍🍳 mittel

Curry-Gemüse-Reis

Zutaten

(für zwei Personen)
120 g Vollkornreis,
1 TL mildes Curry-pulver, Salz, 200 g Brokkoliröschen,
½ Tasse Gemüse-brühe (Instant),
150 g Kürbisfrucht-fleisch (z. B. Hokka-ido) in Spalten,
1 rote Zwiebel in Streifen, 1 kleine rote Paprikaschote in Würfeln, 3 TL Öl,
1 gehackte Knob-lauchzehe, bunter Pfeffer (Mühle), gemahlener Ingwer, Saft und etwas ab-geriebene Schale von ½ Bio-Limette (oder -Zitrone),
150 g Naturjoghurt (1,5 % Fett), 1 EL Mandelstifte (fett-frei geröstet), ge-hackter Koriander (oder Petersilie)

Zubereitung

1 Reis mit Curry und Salz zubereiten.

2 Inzwischen Brokkoli in Brühe zugedeckt 5 Minuten garen, nach 2 Minuten Kürbis hinzufügen. Gemüse abgießen, Sud auffangen.

3 Zwiebel und Paprika in einer beschichteten Pfanne in Öl 3 Minuten anbraten. Knoblauch und Gemüse kurz mitbraten.

4 Gegarten Reis mit einer Gabel auf-lockern, untermischen. Mit Salz, Pfeffer, Ingwer, etwas Gemüsesud und Limettensaft (oder Zitronensaft) abschmecken.

5 Für den Dip Joghurt mit Limettenab-rieb (oder Zitronenschale) verrühren. Gemüse-Reis mit Mandeln und ge-hackten Kräutern garnieren.

✹ **ca. 400 kcal, 4 BE/5 KE** pro Person
🕐 ca. 30 Minuten
👨‍🍳👨‍🍳👨‍🍳 einfach

Asiatische Gemüsepfanne

Zutaten

(für zwei Personen)
100 g Vollkornreis,
150 g Blumenkohl-
röschen, 1 TL fein
gehackter Ingwer,
1 gehackte Knob-
lauchzehe, 2 EL
Sojasoße, 2 EL Li-
mettensaft, Chili-
flocken, 150 g Tofu
(natur) in Würfeln,
2 EL Sesamöl,
Salz, 150 g Möhren
in Stiften, ½ rote
Paprikaschote
in Streifen, 100 g
Lauch in Ringen,
100 ml Gemüse-
brühe (Instant),
1 EL süß-scharfe
Chilisoße, gehack-
ter Koriander,
2 TL Sesam (fettfrei
geröstet)

Zubereitung

1 Reis garen, Blumenkohl 5 Minuten
mitgaren.

2 Inzwischen Ingwer, Knoblauch,
Sojasoße und Limettensaft mit 1 Prise
Chiliflocken verrühren. Tofu darin
marinieren, in einer beschichteten
Pfanne in 1 EL Öl hellbraun anbraten.
Leicht salzen, herausnehmen.

3 Möhren und Paprika in Bratfett
und restlichem Öl 3 Minuten unter
Rühren anbraten. Lauch hinzufügen,
bei mittlerer Hitze kurz mitbraten.
Mit Brühe ablöschen, alles zugedeckt
2 Minuten schmoren lassen.

4 Abgetropfte Kohlröschen und Tofu
samt Marinade unterheben. Mit Salz,
Chilisoße und Koriander abschmecken.
Sesam darüberstreuen. Dazu den Reis
servieren.

✹ **ca. 490 kcal, 3 BE/3,5 KE** pro Person
🕐 ca. 25 Minuten
♟♟♟ einfach

Gefülltes Kalbsschnitzel

Zutaten

(für zwei Personen)
2 dünne Kalbs-
schnitzel (à 125 g),
Salz, bunter Pfeffer
(Mühle), edel-
süßer Paprika, 2 EL
Kräuterfrischkäse
(20 % Fett i. Tr.),
1 TL abgeriebene
Bio-Zitronenschale,
Kresse, 1 EL Öl;
kleine Holzspieße
Für den Salat:
100 g Feldsalat,
50 g Stangen-
sellerie in Scheiben,
1 rotschaliger Apfel
(125 g) in Spalten,
1 geraspelte Möhre,
1 Frühlingszwiebel
in Ringen, 1 EL Zi-
tronensaft, 1 EL
gehackte Walnüsse,
2 bis 3 EL Apfel-
essig, 1 TL Honig,
Salz, Pfeffer (Müh-
le), 1 EL Walnussöl

Zubereitung

1 Salatzutaten auf zwei Tellern anrichten. Apfelspalten sofort mit Zitronensaft beträufeln. Mit Nüssen bestreuen.

2 Für das Dressing Essig, Honig, Salz,
Pfeffer und Öl verrühren. Auf dem
Salat verteilen.

3 Schnitzel evtl. flacher klopfen,
würzen.

4 Für die Füllung Frischkäse mit
Zitronenschale und Kresse mischen.
Schnitzel damit bestreichen, zusam-
menklappen, mit Spießen fixieren.

5 Fleisch in einer beschichteten Pfanne in Öl auf beiden Seiten 5 Minuten
braten. Mit dem Salat servieren.

ca. 345 kcal, 1 BE/KE pro Person
ca. 25 Minuten
einfach

Rehfilet in Fruchtsoße

Zutaten

(für zwei Personen)
250 g mehlig-
kochende Kartof-
feln und 150 g
geschälte Pasti-
naken in Würfeln,
250 g Rosenkohl,
Salz, Pfeffer (Müh-
le), Muskat, Peter-
silie, 125 ml Milch
(1,5 % Fett), 1 TL
Joghurtbutter, 2 TL
Haselnussblättchen
(fettfrei geröstet),
3 Rosmarinzweige,
250 g Rehrücken-
filet, 3 TL Öl,
1 gehackte Zwiebel,
1 Birne (100 g)
in Würfeln, 1 TL
Orangenlikör, 2 EL
Rotwein, etwas
Wildfond (Glas)
oder Fleischbrühe
(Instant), 1 EL
Frischkäse (natur,
0,2 % Fett), 40 g
Preiselbeeren (Glas),
Piment, Zimt

Zubereitung

1 Kartoffeln und Pastinaken in wenig
Wasser zugedeckt etwa 15 Minuten
garen. Inzwischen geputzten Rosenkohl
in wenig Wasser 10 Minuten garen.
Mit Salz, Pfeffer, Muskat und Petersilie
abschmecken.

2 Milch mit Butter erhitzen. Abgetropfte
Kartoffel-Pastinaken-Mischung dazu-
pressen. Brei verrühren, abschmecken,
mit Haselnussblättchen bestreuen.

3 Rosmarinnadeln hacken. Filet damit
würzen, pfeffern. In einer beschichteten
Pfanne in 2 TL Öl braten, leicht salzen,
warm stellen.

4 Zwiebel und Birne in Bratfett und
restlichem Öl andünsten. Mit Likör, Wein,
Fond oder Brühe aufkochen. Frischkäse
und Beeren unterrühren, abschmecken.
Filet in Scheiben auf der Soße anrichten.

🏵 **ca. 485 kcal, 2,5 BE/3 KE** pro Person
🕐 ca. 40 Minuten
👨‍🍳👨‍🍳👨‍🍳 mittel

Radicchio-Cranberry-Pasta

Zutaten

(für zwei Personen)
125 g frische, verlesene Cranberrys,
je 2 Zweige Rosmarin und Thymian,
120 g Vollkornnudeln (z. B. Farfalle), 150 g Kalbsfilet in Streifen,
Pfeffer (Mühle),
1 EL Olivenöl,
150 ml Fleischbrühe (Instant), 2 EL roter Balsamico-Essig,
75 g Frischkäse (natur, 0,2 % Fett),
75 g Radicchio in Streifen, 20 g gehackte Walnüsse
Für den Salat:
100 g geputzter Feldsalat, 100 g Salatgurke in Würfeln, Weißweinessig, Salz, Pfeffer (Mühle), 1 EL Öl, Schnittlauchröllchen

Zubereitung

1 Cranberrys in 6 EL Wasser zugedeckt mit gehackten Rosmarinnadeln und Thymianblättchen 4 Minuten garen.

2 Nudeln bissfest kochen.

3 Filet pfeffern, in einer beschichteten Pfanne in Öl braten, herausnehmen.

4 Bratfond mit Brühe und Essig lösen. Cranberrys samt Sud untermengen, kurz aufkochen. Frischkäse einrühren. Radicchio und Filet unterheben, kurz miterhitzen.

5 Abgetropfte Nudeln mit dem Ragout mischen. Mit Nüssen bestreuen. Dazu den Salat servieren.

ca. 500 kcal, 3,5 BE/4 KE pro Person
ca. 30 Minuten
einfach

Entenbrust mit Rösti

Zutaten

(für zwei Personen)
1 gehackte Zwiebel
und 1 kleiner Apfel
(100 g) in Würfeln,
6 TL Öl, 2 EL Rot-
weinessig, 2 EL
Rotwein, etwas
Entenfond (Glas)
oder Hühnerbrühe
(Instant), 400 g
Rotkohl in Streifen,
gemahlene Nelken,
1 Lorbeerblatt, Salz,
Pfeffer (Mühle),
1 Prise Zimt, 300 g
geraspelte Kartof-
feln, Muskat, 40 g
gegarte Maronen
(vakuumverpackt)
in Würfeln, ½ TL
Honig, 200 g
Entenbrust (ohne
Haut und Fett),
2 Rosmarinzweige,
1 TL Johannisbeer-
konfitüre

Zubereitung

1 Zwiebel und Apfel in 1 TL Öl andünsten. Mit Essig, 1 EL Rotwein und Fond
oder Brühe ablöschen. Kohl, Nelken,
Lorbeerblatt und eventuell noch
etwas Wasser zugeben. Aufkochen,
zugedeckt 20 Minuten garen. Mit Salz,
Pfeffer und Zimt abschmecken.

2 Kartoffeln mit Salz, Pfeffer und Muskat würzen, aus der Masse Häufchen
formen, in einer beschichteten Pfanne
in 3 TL Öl braten. Warm stellen.

3 Maronen mit Honig und Zimt in der
heißen Pfanne karamellisieren, unter
den Kohl mischen. Lorbeer entfernen.

4 Entenbrust mit gehackten Rosma-
rinnadeln in der Pfanne im restlichen
Öl 5 Minuten von jeder Seite braten.
Leicht salzen, pfeffern, warm stellen.
Bratensatz mit 1 EL Rotwein und etwas
Fond oder Brühe lösen, mit Konfitüre
und Gewürzen abschmecken.

✸ **ca. 500 kcal, 3,5 BE/4 KE** pro Person
🕐 ca. 40 Minuten
♟♟♟ mittel

144

Spinat-Pasta mit Steak-Streifen

Zutaten

(für zwei Personen)
150 g Vollkornnudeln (z. B. Tagliatelle), 200 g Blattspinat (frisch oder TK), 1 rote Zwiebel und 100 g Möhren in Streifen, 2 EL Öl, 1 gehackte Knoblauchzehe, 4 EL Gemüsebrühe (Instant), 2 EL Kochsahne (15 % Fett), Salz, bunter Pfeffer (Mühle), edelsüßer Paprika, Muskat, 1 TL abgeriebene Bio-Zitronenschale, 200 g magere Minutensteaks vom Schwein in Streifen, Petersilie, 2 TL geraspelter Bergkäse

Zubereitung

1 Nudeln bissfest kochen.

2 Inzwischen den Spinat blanchieren, hacken oder den Tiefkühlspinat erwärmen. Zwiebel und Möhre in 1 EL Öl andünsten. Knoblauch und Spinat hinzufügen. Mit Brühe ablöschen, kurz ziehen lassen. Mit Sahne, Gewürzen und Zitronenschale abschmecken.

3 Abgetropfte Nudeln mit Gemüse mischen.

4 Fleisch mit Pfeffer und Paprika würzen, in einer beschichteten Pfanne kurz im restlichen Öl braten. Leicht salzen, auf den Nudeln anrichten. Mit Käse bestreuen, mit Petersilie garnieren.

✺ **ca. 550 kcal, 4 BE/5 KE** pro Person
🕐 ca. 25 Minuten
♟♟♟ einfach

FISCH

Zander mit Pfifferlingen

Zutaten

(für zwei Personen)
500 g festkochende Kartoffeln, 50 g magerer Rohschinken in Würfeln, 1 fein gehackte rote Zwiebel, 4 TL Öl, 150 g geputzte Pfifferlinge, gehackte Petersilie, 50 ml Gemüsebrühe (Instant), 50 ml Kochsahne (15 % Fett), 2 TL grober Senf, 1 TL abgeriebene Bio-Zitronenschale, gehackter Dill, 300 g Zanderfilet mit Haut (frisch oder TK), Salz, bunter Pfeffer (Mühle), 2 EL Zitronensaft

Zubereitung

1 Kartoffeln garen.

2 Inzwischen Schinken und Zwiebel in einer beschichteten Pfanne in 1 TL Öl etwa 3 Minuten braten, herausnehmen. Pfifferlinge in der Pfanne in 1 TL Öl etwa 5 Minuten braten. Schinken-Zwiebel-Mischung und Petersilie unterheben, würzen, herausnehmen.

3 Kartoffeln pellen. Brühe mit Sahne kurz aufkochen, Senf und Zitronenschale unterrühren. Kartoffeln mit der Soße mischen, mit Dill garnieren.

4 (Aufgetautes) Zanderfilet leicht salzen und pfeffern, auf der Hautseite im restlichen Öl 2 Minuten braten, wenden, fertig braten. Mit Zitronensaft ablöschen. Pilzmischung hinzufügen, kurz erwärmen. Mit dem Fisch anrichten, dazu Senfkartoffeln servieren.

 ca. 485 kcal, 3 BE/3,5 KE pro Person

 ca. 40 Minuten

 einfach

Forelle mit Meerrettichschaum

Zutaten

(für zwei Personen)
500 g festkochende Kartoffeln, 250 g Lachsforellenfilet (evtl. mit Haut), Salz, bunter Pfeffer (Mühle), 2 EL Zitronensaft, 150 g Urmöhren oder Möhren und 100 g Stangensellerie in Scheiben, 150 g Lauch in Ringen, 3 TL Diätmargarine, ca. 100 ml Gemüsebrühe (Instant), 50 g Sauerrahm (10 % Fett), 30 g frischer, fein geriebener Meerrettich (oder 2 TL aus dem Glas), 1 TL abgeriebene Bio-Zitronenschale, 1 EL gehackte Petersilie, gehackter Dill, 1 EL Öl, rote Rettichsprossen oder Kresse

Zubereitung

1 Kartoffeln garen, pellen. Inzwischen Filet leicht salzen, pfeffern, mit 1 EL Zitronensaft beträufeln. Möhren, Sellerie und weiße Lauchringe in 1 TL Margarine andünsten. Mit Brühe ablöschen, zugedeckt 8 Minuten garen. Nach 5 Minuten grüne Lauchringe hinzufügen. Salzen, pfeffern.

2 Für den Meerrettichschaum Sauerrahm mit Meerrettich, ½ TL Zitronenschale, 1 EL Zitronensaft und evtl. etwas Wasser schaumig pürieren. Petersilie unterheben.

3 Kartoffeln in einer beschichteten Pfanne in restlicher Margarine schwenken. Mit übriger Zitronenschale und Dill mischen.

4 Filet in beschichteter Pfanne in Öl braten. Mit Schaum auf dem Gemüse anrichten, mit Sprossen oder Kresse garnieren. Kartoffeln dazu reichen.

✺ **ca. 500 kcal, 3 BE/3,5 KE** pro Person
🕐 ca. 35 Minuten
♟♟♟ einfach

Saibling im Wirsingmantel

Zutaten

(für zwei Personen)
300 g Saiblings-
filet, 1 EL Zitronen-
saft, 2 Tomaten
in Scheiben, Salz,
Pfeffer (Mühle),
6 zarte Wirsingblät-
ter (ohne Mittel-
rippen, blanchiert),
250 ml Fischfond
(Glas), 1 EL ge-
hackter Estragon,
1 TL körniger
Senf, 1 TL Olivenöl,
2 EL Weißwein,
2 TL Speisestärke,
100 ml Kochsahne
(15 % Fett), 2 Früh-
lingszwiebeln in
Ringen, 500 g fest-
kochende Kartof-
feln; Küchengarn

Zubereitung

1 Fischfilet in 6 Stücke teilen. Jedes
Stück mit Zitronensaft beträufeln, mit
Tomatenscheiben belegen, würzen,
mit einem Wirsingblatt umwickeln.
Evtl. mit Küchengarn verschnüren.

2 Fischfond mit Estragon, Senf, Öl,
Wein, Stärke und Sahne verrühren.
Mit Zwiebelringen in einer Gratinform
verteilen. Fischpäckchen hineinlegen,
im vorgeheizten Ofen bei 200 °C
20 Minuten garen.

3 Inzwischen Kartoffeln garen, pellen,
längs vierteln.

4 Fischpäckchen aus der Form
nehmen. Sud zur Soße verrühren und
abschmecken. Mit Kartoffeln zum
Fisch servieren.

 ca. 480 kcal, 3,5 BE/4 KE pro Person
 ca. 40 Minuten
mittel

Zwiebelfisch mit Rote-Bete-Salat

Zutaten

(für zwei Personen)
2 EL Röstzwiebeln
(Fertigprodukt),
1 TL Koriander,
Chiliflocken,
2 EL Zitronensaft,
1 EL Öl, 250 g
Schellfisch- oder
Seelachsfilet (frisch
oder TK)
Für den Salat:
1 Bio-Orange
(150 g), 4 EL Apfel-
essig, Salz, bunter
Pfeffer (Mühle),
100 g Mini-Römer-
salat in Streifen,
250 g Rote Bete
(gegart, vakuum-
verpackt), 100 g
Avocadofrucht-
fleisch in Spalten

Zubereitung

1 Röstzwiebeln fein zerstoßen,
mit Koriander und 1 Prise Chiliflocken
mischen. Zitronensaft mit Öl verrühren.

2 (Aufgetauten) Fisch leicht salzen, auf
einer Seite mit Zitronensaft-Öl bepinseln, in die Zwiebelmischung drücken.
Mit der Zwiebelseite nach oben auf ein
mit Backpapier belegtes Blech setzen.
Im Ofen bei 200 °C 12 Minuten garen.

3 Inzwischen von der Orange 2 TL
Schale abreiben. Filets herauslösen,
Saft auffangen. Saft, Schale, Essig, Salz
und Pfeffer verrühren.

4 Salatblätter, Rote Bete in Spalten,
Orangenfilets und Avocado auf zwei
Teller verteilen. Mit dem Dressing
beträufeln. Fisch auf dem Salat anrichten.

 ca. 355 kcal, 0,5 BE/KE pro Person
 ca. 25 Minuten
 einfach

Linsen-Eintopf mit Kabeljau

Zutaten

(für zwei Personen)
1 fein gehackte
Zwiebel, 2 EL Öl,
1 kleine Petersilien-
wurzel und 1 Möhre
in Würfeln, 1 ge-
hackte Knoblauch-
zehe, 100 g rote
Linsen, 200 g
passierte Tomaten
(Tetrapack), ca.
250 ml Gemüse-
brühe (Instant),
100 g zarter Grün-
kohl oder Wirsing in
feinen Streifen,
Salz, Pfeffer
(Mühle), scharfer
Paprika, 2 EL (frisch
gepresster) Oran-
gensaft, 125 g
Kabeljaufilet (frisch
oder TK), 2 TL
Sauerrahm, fein
gehackte Peter-
silie, 1 TL abgerie-
bene Bio-Orangen-
schale, Chiliflocken

Zubereitung

1 Zwiebel in einem Topf in 1 EL Öl
andünsten. Gemüsewürfel und
Knoblauch kurz mitdünsten. Linsen
hinzufügen, mit Tomaten und Brühe
ablöschen.

2 Kurz aufkochen, zugedeckt bei
mittlerer Hitze etwa 8 Minuten
köcheln lassen. Grünkohl oder Wirsing
dazugeben und weitere 10 Minuten
garen, evtl. noch etwas Brühe einrühren. Mit Gewürzen und Orangensaft
abschmecken.

3 (Aufgetauten) Fisch in Stücke
schneiden, leicht salzen und pfeffern.
Im restlichen Öl braten, auf dem Ein-
topf anrichten. Mit Sauerrahm, Petersilie, Orangenschale und Chiliflocken
garnieren.

 **ca. 360 kcal, 1,5 BE/2 KE** pro Person
 ca. 35 Minuten
 einfach

Pfannkuchen mit Fruchtquark

Zutaten

(für zwei Personen)
2 Eier, 120 g Mehl
Type 1050, 200 ml
Mineralwasser
mit Kohlensäure,
1 Prise Salz, Zimt,
1 EL Zitronensaft,
flüssiger Süßstoff
nach Bedarf, 2 TL
Öl, 2 TL Preisel-
beeren (Glas),
1 TL Puderzucker,
15 g gehackte Wal-
oder Haselnüsse
(fettfrei geröstet)
Für den Quark:
2 Mandarinen
oder Clementinen
(120 g), 150 g
Magerquark, 1 EL
Zitronensaft,
½ TL abgeriebene
Bio-Zitronenschale,
1 TL Ahornsirup
oder Honig, 1 TL
Vanillemark, 2 Trop-
fen Rum-Aroma

Zubereitung

1 Für den Teig Eier schaumig rühren.
Mit Mehl, Mineralwasser, Salz,
Zimt, Zitronensaft und Süßstoff nach
Bedarf kräftig verquirlen. 10 Minuten
quellen lassen.

2 Inzwischen für die Quarkfüllung
Mandarinen- oder Clementinen-
spalten grob würfeln, Saft auffangen.
Mit Quark, Zitronensaft und -schale,
Sirup oder Honig, Vanillemark und
Rum-Aroma verrühren. Fruchtstücke
unterheben.

3 Aus dem Teig in einer beschichteten
Pfanne in heißem Öl 2 dünne Pfann-
kuchen backen. Mit Fruchtquark
bestreichen und aufrollen. Mit Preiselbeeren, Puderzucker und Nüssen
garnieren.

✸ **ca. 500 kcal, 4,5 BE/5,5 KE** pro Person
🕐 ca. 25 Minuten
👨‍🍳👨‍🍳👨‍🍳 einfach

Topfenknödel mit Kompott

Zutaten

(für zwei Personen)
½ Vanilleschote,
250 g Magerquark
(Topfen), 2 kleine
Eier, 1 Prise Salz,
flüssiger Süßstoff,
1 Msp. abgeriebene
Bio-Zitronenschale,
75 g Mehl Type
1050, ca. 20 g Sem-
melbrösel, 20 g
gehackte Mandeln
(fettfrei geröstet),
Zimt, Melisse
Für das Kompott:
1 großer Apfel
(150 g) in Würfeln,
50 g kleine kern-
lose oder halbierte
blaue Trauben, 2 EL
Wasser, 1 EL Zitro-
nensaft, ½ TL abge-
riebene Bio-Zitro-
nenschale, 1 TL
Honig, 1 Gewürz-
nelke, 1 Sternanis,
1 Zimtstange,
2 Tropfen Rum-
Aroma

Zubereitung

1 Vanilleschote aufschlitzen, Mark
herausschaben. Mit abgetropftem
Quark, Eiern, Salz, Süßstoff nach
Bedarf und Zitronenschale
verquirlen. Mehl und Brösel untermischen, 20 Minuten quellen lassen.

2 Inzwischen für das Kompott Früchte
in Wasser mit Zitronensaft,-schale,
Sirup, Gewürzen, ausgeschabter
Vanilleschote und Rum-Aroma kurz
aufkochen. Zugedeckt etwa 10 Minuten köcheln, abkühlen lassen.

3 Aus dem Teig kleine Knödel formen.
Reichlich Wasser mit 1 Prise Salz
aufkochen, Knödel in 8 bis 10 Minuten
darin gar ziehen lassen.

4 Anis, Zimtstange, Nelke und Vanilleschote aus dem Kompott entfernen.
Knödel mit Mandeln und Zimt bestreuen, Kompott dazu servieren. Mit
Melisse garnieren.

✳ **ca. 475 kcal, 4 BE/5 KE** pro Person
🕐 ca. 40 Minuten
👨‍🍳👨‍🍳👨‍🍳 mittel

159

Mohnauflauf mit Zwetschgen

Zutaten

(für zwei Personen)
5 TL Diätmargarine,
2 Eier, 2 TL Ahorn-
sirup, etwas Vanille-
mark, 2 Tropfen
Rum-Aroma,
flüssiger Süßstoff
nach Bedarf,
4 EL Zitronensaft,
1 TL abgeriebene
Bio-Zitronenschale,
20 g Mohn, 250 g
Magerquark, 65 g
Hartweizengrieß,
250 g Pflaumen
oder Zwetschgen in
Spalten, 1 EL Puder-
zucker, Zitronen-
melisse

Zubereitung

1 Eine Gratinform mit 1 TL Diätmargarine auspinseln. Eier trennen. Eiweiß
zu Schnee schlagen.

2 Eigelb mit restlicher (weicher)
Margarine, Ahornsirup, Vanillemark,
Rum-Aroma, Süßstoff nach Bedarf
sowie Zitronensaft und -schale
verquirlen. Mohn, Quark und Grieß
einrühren, Eischnee unterziehen. In
die Form füllen. Fruchtstücke darauf
verteilen.

3 Im vorgeheizten Ofen bei 180 °C
etwa 25 Minuten backen. Mit Puderzucker und Zitronenmelisse garnieren.

✿ **ca. 540 kcal, 4 BE/5 KE** pro Person
🕐 ca. 40 Minuten
♟♟♟ einfach

Kokos-Schmarrn mit Minz-Pesto

Zutaten

(für zwei Personen)
2 Eier, 125 g Mehl
Type 1050, 100 ml
Milch (1,5 % Fett),
100 ml Mineral-
wasser mit Koh-
lensäure, etwas
Vanillemark, 1 TL
geriebene Bio-
Orangenschale,
20 g Kokosraspel,
Süßstoff nach Be-
darf, Salz, 1 EL Öl
Für das Pesto:
½ Bund frische
Minze, 1 TL Honig,
4 EL Orangensaft
Für den Dip:
100 g Magerquark,
1 TL Honig, etwas
Vanillemark,
2 Passionsfrüchte
(Maracujas, aus-
gelöste Kerne
und Fruchtgelee,
ca. 100 g)

Zubereitung

1 Für das Pesto Minzeblättchen mit
Honig und Orangensaft fein pürieren.

2 Für den Dip Quark mit Honig,
Vanillemark, Maracuja-Kernen und
-Fruchtgelee verrühren.

3 Für den Teig Eier trennen. Eigelb
mit Mehl, Milch, Mineralwasser,
Vanillemark, Orangenschale, Kokosraspeln und Süßstoff nach Bedarf
verquirlen, kurz quellen lassen.
Eiweiß mit 1 Prise Salz steif schlagen,
unterziehen.

4 Öl in einer beschichteten Pfanne
erhitzen. Teig bei mittlerer Hitze
backen, wenden, in Stücke reißen.
Mit Minz-Pesto und Dip servieren.

✺ **ca. 520 kcal, 4,5 BE/5,5KE** pro Person
🕐 ca. 35 Minuten
♟♟♟ mittel

162

Beeren-Clafoutis

Zutaten

(für zwei Personen)
30 g Diätmargarine,
2 Eier, 4 EL Zitro-
nensaft, 1 TL abge-
riebene Bio-Zitro-
nenschale, 3 TL
Ahornsirup, etwas
Vanillemark, Zimt,
60 g Mehl Type
1050, 100 ml Milch
(1,5 % Fett), 1 Prise
Salz, 4 EL Mager-
quark, je 200 g ver-
lesene Cranberrys
und Heidelbeeren,
1 EL Mandelstifte,
1 EL Puderzucker

Zubereitung

1 Margarine schmelzen. Eine Auflaufform mit 1 TL davon auspinseln.

2 Eier trennen. Eiweiß steif schlagen.
Eigelb mit restlicher Margarine,
Zitronensaft und -schale, Ahornsirup,
Vanillemark und Zimt verquirlen.
Mehl, Milch, Salz und Quark einrüh-
ren. Eischnee unterziehen.

3 300 g Beeren in die Form legen.
Masse darüber verteilen. Mit restlichen Beeren und Mandeln bestreuen.
Im vorgeheizten Ofen bei 200 °C
etwa 25 Minuten backen. Mit Puderzucker bestäuben.

SÜSSE SPEISEN

✸ **ca. 535 kcal, 4,5 BE/5,5 KE** pro Person
🕐 ca. 40 Minuten
♟♟♟ einfach

Vanille-Reis mit Nüssen

Zutaten

(für zwei Personen)
1 Vanilleschote,
250 ml Milch
(1,5 % Fett), 75 ml
Kochsahne (15 %
Fett), Salz, 100 g
Milchreis, Süßstoff
nach Bedarf, 2 EL
gehackte Hasel-
nüsse, Zimt, Zitro-
nenmelisse
Für das Kompott:
2 EL Wasser, 1 EL
Rotwein, 1 Stern-
anis, Zimt, 1 TL
abgeriebene Bio-
Orangenschale,
1 TL Honig, 2 EL
Orangen- oder
Zitronensaft, 200 g
reife Pflaumen
oder Zwetschgen
in Vierteln

Zubereitung

1 Vanilleschote längs aufschneiden,
Mark herausschaben. Milch mit Sahne,
Vanilleschote, -mark und 1 Prise Salz
aufkochen. Reis einrühren. Bei kleiner
Hitze 20 Minuten quellen lassen,
regelmäßig umrühren. Vanilleschote
entfernen. Nach Bedarf mit Süßstoff
abschmecken.

2 Für das Kompott Wasser mit Rotwein, Sternanis, 1 Prise Zimt, Orangenschale, Honig und Saft kurz aufkochen.
Zwetschgen darin zugedeckt bei
milder Hitze 5 Minuten garen, etwas
abkühlen lassen. Sternanis entfernen.

3 Nüsse in einer beschichteten Pfanne
ohne Fett rösten, mit Zimt verfeinern.
Reis damit bestreuen. Mit Melisse
garnieren. Kompott dazu servieren.

ca. 430 kcal, 5 BE/6 KE pro Person

ca. 30 Minuten

♟♟♟ einfach

Winter

Die Natur hält **Winterschlaf,** versteckt sich unter einer weißen Decke. Auf dem Markt finden sich nun Gemüse- und Obstsorten, die der **Kälte** trotzen oder gelagert werden können. Langeweile kommt trotzdem nicht auf: Wir bereichern den Speiseplan mit herrlichen Südfrüchten. Die Wohnung durchzieht der Duft von Gebackenem, es riecht nach Zimt, Sternanis und Nelken. Kein Wunder:

Weihnachten steht vor der Tür.

Zeit zu feiern!

Birnen-Feldsalat mit Ziegenkäse

Zutaten

(für zwei Personen)
1 feste Birne
(125 g), 1 EL Zitronensaft, 2 EL Apfelessig, Salz, Pfeffer
(Mühle), ½ TL
Honig oder Ahornsirup, 1 EL Walnussöl, 100 g geputzter
Feldsalat, etwas
Radicchio in Streifen, 2 Scheiben
(à 20 g) Ziegenfrischkäse, 2 EL
gehackte Walnüsse
(fettfrei geröstet);
Ausstechform

Zubereitung

1 Birne schälen, entkernen, 2 Scheiben abschneiden. Daraus 2 kleine Tannenbäume ausstechen. Rest klein würfeln.

2 Birnenwürfel und -tannenbäume in Zitronensaft und 1 EL Wasser zugedeckt kurz dünsten, mit 1 EL Essig ablöschen. Tannenbäume herausnehmen.

3 Für die Vinaigrette restliche Birne mit übrigem Essig, Gewürzen, Honig oder Ahornsirup und Öl verrühren.

4 Salatblätter mit Vinaigrette mischen, auf Teller verteilen. Mit Käse, Tannenbäumen und Nüssen garnieren.

 **ca. 160 kcal, 0,5 BE/1 KE** pro Person

 ca. 20 Minuten

🍴🍴🍴 einfach

Seelenwärmer-Suppe

Zutaten

(für zwei Personen)
1 kleine, fein
gehackte Zwiebel,
1 TL Öl, 1 Möhre
und 250 g Rote
Bete (gegart,
vakuumverpackt)
in Würfeln, 400 ml
Gemüsebrühe
(Instant), 30 g Voll-
korn-Toast, Zimt,
2 EL Orangensaft,
1 Msp. abgeriebene
Bio-Orangenschale,
1 TL Honig oder
Ahornsirup, Salz,
Pfeffer (Mühle),
je 1 Prise Vanille-
mark und Leb-
kuchengewürz
(oder Kardamom),
2 TL Sauerrahm,
gehackte Petersilie

Zubereitung

1 Zwiebel in einem Topf in Öl andünsten, Möhre und Rote Bete hinzufügen.
Mit Brühe ablöschen. Alles aufkochen,
zugedeckt bei milder Hitze etwa
10 Minuten garen.

2 Inzwischen Toast würfeln und in
einer beschichteten Pfanne ohne Fett
mit 1 Prise Zimt rösten.

3 Suppe fein pürieren. Mit Orangensaft, -schale, Honig oder Ahornsirup
und Gewürzen abschmecken. Auf
zwei tiefe Teller oder Schälchen verteilen. Mit je 1 TL Sauerrahm, Petersilie
und Zimt-Croûtons garnieren.

✺ **ca. 140 kcal, 1 BE/KE** pro Person
🕐 ca. 25 Minuten
👨‍🍳👨‍🍳👨‍🍳 einfach

Erbsen-Creme mit Krabben

Zutaten

(für zwei Personen)
1 gehackte Zwiebel,
3 TL Öl, 100 g
Knollensellerie in
Würfeln, 1 gehackte
Knoblauchzehe,
Salz, Pfeffer
(Mühle), 500 ml
Gemüsebrühe
(Instant), 300 g
Erbsen (TK), 100 ml
Kochsahne (15 %
Fett), 2 TL Meer-
rettich (Glas),
gehackte Petersilie
oder Dill, 100 g
Nordseekrabben
(gegart, Kühlregal),
Zitronensaft, rote
Rettichsprossen
oder Kresse

Zubereitung

1 Zwiebel in einem Topf in 2 TL Öl
andünsten. Sellerie und Knoblauch
kurz mitdünsten, leicht salzen und
pfeffern. Mit Brühe ablöschen. Kurz
aufkochen, zugedeckt bei milder Hitze
etwa 10 Minuten garen. Erbsen und
Sahne hinzufügen, 8 Minuten weitergaren.

2 Suppe fein pürieren, evtl. noch
etwas Brühe einrühren. Mit Meerrettich, Gewürzen und Kräutern
abschmecken.

3 Abgetropfte Krabben in einer
beschichteten Pfanne im restlichen
Öl braten. Mit Zitronensaft ablöschen.
In der Suppe servieren. Mit Sprossen
oder Kresse garnieren.

✹ **ca. 330 kcal, 1,5 BE/2 KE** pro Person
🕐 ca. 30 Minuten
♟♟♟ einfach

Wintersalat mit Kürbis

Zutaten

(für zwei Personen)
75 g geputzter
Feldsalat, etwas
Radicchio, 1 kleine
Fenchelknolle
in feinen Streifen,
1 kleine Birne
(100 g), 2 EL Zitro-
nensaft, 100 g grob
geraspelter Hokkai-
do-Kürbis, 1 TL Öl,
2 EL Apfel- oder
Weißweinessig,
Salz, Pfeffer (Müh-
le), 1 TL Honig,
2 TL Kürbiskernöl,
1 EL Kürbiskerne
(fettfrei geröstet),
60 g Camembert
(30 % Fett i. Tr.)
in Würfeln, etwas
Fenchelgrün

Zubereitung

1 Feldsalat, Radicchio und Fenchel auf
zwei Tellern anrichten.

2 Birne vierteln, entkernen, in dünne
Spalten teilen. Sofort mit 1 EL Zitronensaft beträufeln.

3 Kürbis in einer beschichteten Pfanne
in Öl etwa 2 Minuten knusprig braten.
Mit restlichem Zitronensaft ablöschen.
Mit den Birnenspalten auf dem Salat
verteilen.

4 Essig mit Salz, Pfeffer und Honig
verrühren. Salat damit beträufeln.
Mit Kernöl, Kernen, Camembert und
Fenchelgrün garnieren.

🌼 **ca. 240 kcal, 1 BE/KE** pro Person
🕐 ca. 20 Minuten
👨‍🍳👨‍🍳👨‍🍳 einfach

Bunte Hühnersuppe

Zutaten

(für zwei Personen)
150 g Hähnchen-
brustfilet in kurzen
Streifen, 1 EL Öl,
1 kleine fein ge-
hackte Zwiebel,
50 g Lauch in dün-
nen Ringen, 1 kleine
Möhre und 1 kleine
Selleriestange in
Scheiben, ½ gelbe
Paprikaschote
in kleinen Würfeln,
ca. 500 ml Hühner-
brühe (Instant),
1 Gewürznelke,
1 Lorbeerblatt, 60 g
Vollkorn-Suppen-
nudeln (z. B. Hörn-
chen, Muscheln),
Salz, Pfeffer (Müh-
le), Muskat, Schnitt-
lauchröllchen

Zubereitung

1 Hähnchenbrust in einem Topf in Öl
anbraten. Zwiebel und Lauch kurz
mitdünsten. Möhre, Sellerie und Paprika hinzufügen, mit Brühe ablöschen.
Mit Nelke und Lorbeerblatt aufkochen,
zugedeckt bei milder Hitze etwa 10 Minuten köcheln lassen.

2 Inzwischen Nudeln garen, in einem
Sieb abtropfen lassen.

3 Nelke und Lorbeerblatt aus der
Suppe entfernen. Nudeln in die Suppe
geben, kurz erhitzen. Evtl. noch etwas
Brühe unterrühren. Suppe mit den
Gewürzen abschmecken, vor dem
Servieren mit Schnittlauch bestreuen.

 ca. 270 kcal, 1,5 BE/2 KE pro Person

 ca. 30 Minuten

 einfach

Blumenkohl-Creme mit Makrele

Zutaten

(für zwei Personen)
1 gehackte Zwiebel,
1 EL Öl, 1 gehackte
Knoblauchzehe,
300 g Blumenkohl-
röschen, 160 g
Kartoffeln in Wür-
feln, ca. 400 ml
Gemüsebrühe
(Instant), 50 ml
Kochsahne (15 %
Fett), 2 TL Meer-
rettich (Glas), Salz,
Pfeffer (Mühle),
Muskat, etwas
abgeriebene Bio-
Zitronenschale, ge-
hackte Petersilie,
100 g geräuchertes
Makrelenfilet (z. B.
Pfeffermakrele)

Zubereitung

1 Zwiebel in einem Topf in Öl andüns-
ten, Knoblauch kurz mitbraten. Blu-
menkohl und Kartoffeln hinzufügen.
Mit Brühe ablöschen, aufkochen.
Zugedeckt etwa 15 Minuten bei milder
Hitze garen.

2 Suppe fein pürieren. Sahne und
evtl. noch etwas Brühe einrühren. Mit
Meerrettich, Gewürzen, Zitronenschale und Petersilie abschmecken.

3 Makrelenfilet von der Haut lösen, in
Stücke teilen, in der Suppe servieren.
Mit Petersilie garnieren.

🌸 **ca. 280 kcal, 1 BE/KE** pro Person
🕐 ca. 30 Minuten
👨‍🍳👨‍🍳👨‍🍳 einfach

Linsen-Chili mit Käse-Toast

VEGETARISCH

Zutaten

(für zwei Personen)
100 g rote Linsen,
je 1 gehackte Zwie-
bel und Knoblauch-
zehe, 2 EL Öl,
Salz, Kreuzkümmel,
Oregano, 200 ml
Wasser, 250 ml
Gemüsebrühe
(Instant), 1 Dose
stückige Tomaten
(Abtropfgewicht
240 g), 50 g Knol-
lensellerie und
1 rote Paprikaschote
in Würfeln, 1 Dose
Kidneybohnen
(Abtropfgewicht
250 g), Cayenne-
pfeffer, Chili-
flocken, gehacktes
Koriandergrün
Für den Käse-Toast:
60 g Vollkorn-
Toast, 40 g gerie-
bener Käse
(30 % Fett i. Tr.)

Zubereitung

1 Linsen abbrausen. Mit Zwiebel
und Knoblauch in einem Topf in Öl
andünsten. Mit Salz, Kreuzkümmel
und Oregano würzen. Wasser, Brühe,
Tomaten und Sellerie dazugeben.
Kurz aufkochen, zugedeckt bei
milder Hitze etwa 10 Minuten garen.
Paprikawürfel hinzufügen, weitere
10 Minuten garen.

2 Inzwischen Toast rösten, diagonal
halbieren und mit Käse bestreuen. Im
Ofen bei 180 °C 5 Minuten überbacken.

3 Bohnen in einem Sieb abbrausen, im
Linsen-Chili erhitzen. Mit Gewürzen
abschmecken, evtl. noch etwas Wasser
unterrühren. Mit Koriandergrün
anrichten, mit Käse-Toast servieren.

✺ **ca. 520 kcal, 4 BE/5 KE** pro Person
🕐 ca. 30 Minuten
👨‍🍳👨‍🍳👨‍🍳 einfach

Schupfnudeln mit Apfelkraut

Zutaten

(für zwei Personen)
250 g mehligkochende Kartoffeln, 1 fein gehackte Zwiebel, 3 TL Öl, 1 rotschaliger Apfel (125 g) in Spalten, 1 TL Honig, 300 g mildes Sauerkraut (Abtropfgewicht), 50 ml Apfelsaft, 50 ml Wasser, 4 Wacholderbeeren, 1 Lorbeerblatt, 1 Gewürznelke, 1 Prise gemahlener Kümmel, 50 g Mehl Type 1050, 1 Eigelb, Salz, Muskat, 50 g Frischkäse (natur, 0,2 % Fett), Pfeffer (Mühle), gehackte Petersilie

Zubereitung

1 Kartoffeln garen, pellen, durch eine Presse drücken, abkühlen lassen.

2 Zwiebel in 1 TL Öl glasig dünsten. Apfel kurz mitgaren. Honig, Sauerkraut, Saft und Wasser hinzufügen. Mit Wacholderbeeren, Lorbeerblatt, Nelke und Kümmel aufkochen. Zugedeckt 15 Minuten garen, evtl. noch etwas Wasser angießen.

3 Kartoffelmasse mit Mehl, Eigelb, je 1 Prise Salz und Muskat verkneten. Aus dem Teig Schupfnudeln formen. In leicht gesalzenem siedendem Wasser ziehen lassen, bis sie oben schwimmen. Herausheben, abtropfen lassen.

4 Lorbeer, Wacholderbeeren und Nelke aus dem Kraut entfernen. Käse untermischen, kurz miterhitzen. Mit Pfeffer und Petersilie würzen. Schupfnudeln in einer beschichteten Pfanne im restlichen Öl goldbraun rösten.

✳ **ca. 390 kcal, 4 BE/5 KE** pro Person
🕐 ca. 45 Minuten
♟♟♟ mittel

Wintergratin mit Nusskruste

Zutaten

(für zwei Personen)
100 g Vollkorn-
Bandnudeln, 1 ge-
hackte Zwiebel,
100 g Rotkohl in
Streifen, je 100 g
Möhre und Stangen-
sellerie in Scheiben,
1 EL Öl, 150 ml
Gemüsebrühe
(Instant), 2 TL Diät-
margarine, 1 EL
Mehl Type 1050,
200 ml Milch (1,5 %
Fett), 4 Thymian-
zweige, 1 TL abge-
riebene Bio-Oran-
genschale, Salz,
Pfeffer (Mühle),
Muskat, 50 g ge-
riebener Bergkäse,
20 g (Vollkorn-)
Paniermehl, je 1 EL
gehackte Walnüsse
und Kürbiskerne

Zubereitung

1 Nudeln in kurze Stücke brechen, bissfest garen, abgießen, abschrecken.

2 Zwiebel und Gemüse in einer be-schichteten Pfanne in Öl andünsten. Mit Brühe ablöschen, zugedeckt 3 Minuten vorgaren. Abgießen, Sud auffangen.

3 Margarine in einem Topf erhitzen, Mehl darin anschwitzen. Unter Rühren mit Milch und Gemüsesud ablöschen, kurz aufkochen, vom Herd nehmen. Blättchen von 2 Thymianzweigen und Orangenschale unterrühren, mit Salz, Pfeffer und Muskat abschmecken.

4 Gemüse und Nudeln in einer Gratin-form vermengen, mit Soße begießen. Käse mit Paniermehl, Nüssen und Ker-nen mischen, darüberstreuen. Im Ofen bei 180 °C 20 Minuten gratinieren. Mit restlichem Thymian garnieren.

 ca. 545 kcal, 4 BE/5 KE pro Person
 ca. 40 Minuten
 mittel

Grünkohl-Pasta

Zutaten

(für zwei Personen)
120 g Vollkorn-
nudeln (z. B. Lingui-
ne), 200 g zarter
geputzter Grünkohl
(frisch oder TK),
1 rote Zwiebel in
Streifen, 2 EL Öl,
1 rotschaliger Apfel
(110 g) in Würfeln,
1 gehackte Knob-
lauchzehe, 4 EL
trockener Weiß-
wein, Salz, Muskat,
rote Pfefferbeeren,
50 g geriebener
Käse (30 % Fett
i. Tr., z. B. Gouda),
2 EL grob gehackte
Walnüsse (fettfrei
geröstet)

Zubereitung

1 Nudeln bissfest kochen.

2 Inzwischen Grünkohl in kochendem
Wasser 3 Minuten blanchieren. Abgießen, abschrecken, vorsichtig ausdrücken und hacken.

3 Zwiebel in einer beschichteten Pfanne in Öl andünsten. Apfel und Knoblauch kurz mitbraten. Kohl dazugeben,
kurz anschwitzen. Mit Wein ablöschen,
mit Salz, Muskat und zerstoßenen
Pfefferbeeren abschmecken.

4 Nudeln abgießen, dabei 6 EL Nudelwasser auffangen. Beides mit dem
Apfel-Kohl mischen. Mit Käse, Nüssen
und zerstoßenen Pfefferbeeren bestreuen.

 ca. 505 kcal, 3,5 BE/4,5 KE pro Person
 ca. 20 Minuten
 einfach

Rehfilet mit Polenta-Sternen

Zutaten

(für zwei Personen)
100 g Polenta
(Instant-Maisgrieß),
ca. 400 ml Wasser,
Salz, Muskat,
2 EL Frischkäse
(natur, 0,2 % Fett),
1 gehackte Zwiebel,
1 Apfel (125 g)
in Würfeln, 4 TL Öl,
400 g Rotkohl in
Streifen, 2 EL Rot-
weinessig, 50 ml
Glühwein, etwas
Wildfond oder
Brühe (Instant),
gemahlene Nelken,
Pfeffer (Mühle),
Zimt, 250 g Reh-
rückenfilet, 2 Ros-
marinzweige, 1 TL
Joghurtbutter,
40 g Preiselbeeren
(Glas), 1 TL Ahorn-
sirup, 1 Prise Leb-
kuchengewürz;
Ausstechform

Zubereitung

1 Polenta mit Wasser, Salz und Muskat zubereiten, Käse einrühren. Auf ein mit Backpapier belegtes Blech streichen, kalt stellen.

2 Zwiebel und Apfel in 1 TL Öl andünsten. Kohl dazugeben. Mit Essig, Glühwein, Fond oder Brühe ablöschen, mit Nelken, Salz, Pfeffer und Zimt würzen. Zugedeckt 15 Minuten garen.

3 Aus der Polenta Sterne ausstechen, in einer beschichteten Pfanne mit den Polenta-Resten in 1 TL Öl braten.

4 Filet mit gehackten Rosmarinnadeln und Pfeffer würzen. Im restlichen Öl braten, leicht salzen, warm stellen.

5 Bratensatz mit Glühwein, etwas Wildfond oder Brühe lösen. Butter und Beeren einrühren. Mit Sirup, Lebkuchengewürz, Salz und Pfeffer abschmecken. Auf die Filetscheiben gießen.

✹ **ca. 540 kcal, 4 BE/5 KE** pro Person
🕐 ca. 45 Minuten
👨‍🍳👨‍🍳👨‍🍳 mittel

Pilz-Pasta mit Parmaschinken

Zutaten

(für zwei Personen)
150 g Vollkorn-
nudeln (z.B. Lingui-
ne), 200 g geputz-
te kleine braune
Champignons oder
Austernpilze, 40 g
magerer Parma-
schinken, 2 EL Oli-
venöl, 2 Frühlings-
zwiebeln in Ringen,
1 gehackte Knob-
lauchzehe, etwas
Radicchio in Strei-
fen, Salz, Pfeffer
(Mühle), 4 EL tro-
ckener Weißwein,
30 g Parmesan-
späne
Für den Salat:
4 Tomaten in Schei-
ben, 1 Zwiebel
in Streifen, weißer
Balsamico-Essig,
Salz, bunter Pfef-
fer (Mühle), 1 EL
Olivenöl, Basilikum-
blättchen

Zubereitung

1 Nudeln bissfest kochen, etwas
Nudelwasser auffangen.

2 Inzwischen Champignons evtl.
halbieren oder Austernpilze in Streifen
schneiden.

3 Schinken in große Stücke teilen, in
einer beschichteten Pfanne in Öl knusprig braten, herausnehmen.

4 Zwiebelweiß im Bratfett dünsten.
Knoblauch und Pilze dazugeben. Pilze
knackig braten, Radicchio kurz mitdünsten. Leicht salzen und pfeffern.
Mit Wein und evtl. etwas Nudelwasser
ablöschen, abschmecken.

5 Mit abgetropften Nudeln mischen.
Mit Zwiebelgrün und Parmesan
garnieren. Dazu den Salat servieren.

✸ **ca. 540 kcal, 4 BE/5 KE** pro Person
🕐 ca. 25 Minuten
👨‍🍳👨‍🍳👨‍🍳 einfach

Birnen-Filet-Pfanne

FLEISCH

Zutaten

(für zwei Personen)
250 g festkochende
Kartoffeln, 1 große
feste Birne (175 g),
1 rote Zwiebel in
Streifen, 2 EL Öl,
100 g geputzte
Pfifferlinge,
4 frische Salbei-
blätter oder etwas
Thymian, Salz,
Pfeffer (Mühle),
250 g Schweinefilet
in dünnen Scheiben
Für den Dip:
100 g Naturjoghurt
(1,5 % Fett),
1 EL Sauerrahm,
1 EL Zitronensaft,
40 g cremiger
Gorgonzola, Salz,
Pfeffer (Mühle),
Schnittlauch-
röllchen

Zubereitung

1 Für den Dip Joghurt, Sauerrahm und
Zitronensaft verrühren. Gorgonzola
untermischen. Mit Salz, Pfeffer und
Schnittlauch abschmecken.

2 Kartoffeln mit Wasser bedeckt bissfest garen. Abgießen, pellen, in Spalten schneiden. Birnenfruchtfleisch in
dünne Spalten schneiden.

3 Zwiebel in einer beschichteten Pfanne in 1 EL Öl andünsten. Pilze kurz
mitdünsten. Kartoffeln und Kräuter
dazugeben, 4 Minuten bei mittlerer
Hitze braten. Leicht salzen und
pfeffern, aus der Pfanne nehmen.

4 Filet pfeffern, im restlichen Öl in der
Pfanne kräftig anbraten, leicht salzen.
Birnenspalten hinzufügen, 2 Minuten
weiterbraten. Kartoffel-Pilz-Mischung
unterheben. Nochmals kurz erhitzen,
abschmecken. Mit Dip servieren.

 **ca. 465 kcal, 2,5 BE/3 KE** pro Person
 ca. 35 Minuten
👨‍🍳👨‍🍳👨‍🍳 mittel

Surf and Turf

Zutaten

(für zwei Personen)
4 Garnelen (à 30 g,
roh, geschält,
küchenfertig; frisch
oder TK), 175 g
Rinderfilet in
Würfeln, 1 gehackte
Knoblauchzehe,
1 TL fein gehackter
Ingwer, 1 EL Öl,
Salz, bunter Pfeffer
(Mühle), Saft
und 1 TL Schale von
1 Bio-Limette,
Koriander; 4 Spieße
Für den Salat:
100 g Blattsalat,
etwas Radicchio,
½ gelbe Paprika-
schote in Streifen,
60 g Avocado-
fruchtfleisch in
Würfeln, 1 rote
Zwiebel in Streifen,
3 EL Weißweinessig,
½ TL mittelscharfer
Senf, Salz, bunter
Pfeffer (Mühle),
1 EL Öl

Zubereitung

1 Garnelen und Rinderfilet jeweils
auf Spieße schieben. In einer beschichteten, ofenfesten Pfanne mit
Knoblauch und Ingwer von beiden
Seiten kräftig in Öl anbraten, leicht
salzen und pfeffern.

2 Limettensaft und -schale darüber-
geben, in der Pfanne im Ofen
bei 100 °C in 10 Minuten fertig garen.

3 Inzwischen Salatzutaten auf zwei
Teller verteilen. Für das Dressing Essig,
Senf, Gewürze und Öl verrühren. Salat
damit beträufeln.

4 Spieße auf den Salat legen. Mit
Bratfond beträufeln, mit Koriander-
blättchen garnieren.

🌑 **ca. 445 kcal, 0 BE/KE** pro Person
🕐 ca. 30 Minuten
♟♟♟ einfach

Rote-Bete-Frikadellen

Zutaten

(für zwei Personen)
500 g festkochende Kartoffeln, 2 EL Öl, Salz, Pfeffer (Mühle), 60 g Rote Bete (gegart, vakuumverpackt), 200 g mageres Rinderhack, 2 EL Magerquark, 1 gehackte Zwiebel, gemahlener Kümmel, gehackte Petersilie
Für den Salat:
Weißweinessig, Salz, Pfeffer, 1 TL Honig, 1 EL Öl, 250 g fein gehobelte Salatgurke, Schnittlauchröllchen, Dill
Für den Dip:
50 g Magerquark, 1 TL geriebener Meerrettich, 1 EL Zitronensaft, 1 EL Preiselbeeren (Glas), Kresse

Zubereitung

1 Kartoffeln schälen, in Spalten schneiden. Auf ein mit Backpapier belegtes Blech legen, mit 1 EL Öl bepinseln, leicht salzen und pfeffern. Im Ofen bei 180 °C 20 Minuten backen.

2 Inzwischen für den Salat Essig, Salz, Pfeffer, Honig und Öl verrühren. Gurke mit Dressing, Schnittlauch und Dill mischen.

3 Für den Dip Quark mit Meerrettich und Zitronensaft verrühren. Preiselbeeren untermischen. Mit Kresse garnieren.

4 Rote Bete fein raspeln, mit Hackfleisch, Quark, Zwiebel, Kümmel, Petersilie, Salz und Pfeffer verkneten. Frikadellen formen. In einer beschichteten Pfanne im restlichen Öl braten. Mit Kartoffeln, Dip und Salat servieren.

✹ **ca. 520 kcal, 3,5 BE/4 KE** pro Person
🕐 ca. 35 Minuten
👨‍🍳👨‍🍳👨‍🍳 mittel

Fischfilet mit Senfkruste

Zutaten

(für zwei Personen)
2 feste Fischfilets
(à 150 g, frisch oder
TK), Saft und ab-
geriebene Schale
von ½ Bio-Zitrone,
Salz, 2 EL gehackte
Petersilie, bunter
Pfeffer, Koriander,
20 g (Vollkorn-)
Paniermehl, 15 g
gemahlene Man-
deln, 3 TL Öl, 1 TL
mittelscharfer Senf,
50 ml Gemüse-
brühe (Instant)
Für den Salat:
75 g Blattsalat,
60 g geraspelter
Rotkohl, 50 g
Stangensellerie in
Scheiben, 1 Orange
(150 g, filetiert,
Saft auffangen),
1 Frühlingszwiebel
in Ringen, 3 EL
Weißweinessig,
Salz, Pfeffer, 2 TL Öl

Zubereitung

1 (Aufgetauten) Fisch mit Zitronensaft
beträufeln, leicht salzen.

2 Für die Kruste Petersilie mit Zitronenschale, Gewürzen, Paniermehl und
Mandeln mischen. Mit Öl und Senf
verrühren. Paste auf dem Fisch verteilen, leicht andrücken.

3 Brühe in eine ofenfeste Form füllen.
Filets darin im Ofen bei 200 °C in
15 Minuten goldbraun backen.

4 Inzwischen Blattsalat mit Rotkohl,
Sellerie, Orangenfilets und Frühlingszwiebel auf zwei Tellern anrichten.

5 Für das Dressing Essig mit Orangen-
saft, Salz, Pfeffer und Öl verrühren.
Salat damit beträufeln. Filet mit dem
Salat servieren.

✳ **ca. 370 kcal, 1 BE/KE** pro Person
🕐 ca. 35 Minuten
👨‍🍳👨‍🍳👨‍🍳 einfach

Rote-Bete-Heringssalat

Zutaten

(für zwei Personen)
500 g festkochende
Kartoffeln, 200 g
Rote Bete (gegart,
vakuumverpackt),
1 kleiner Apfel
(110 g), 1 Gewürz-
gurke, 1 kleine
Zwiebel, 125 g
Bismarckhering,
150 g Naturjoghurt
(1,5 % Fett),
1 TL Meerrettich,
1 EL Apfel- oder
Weißweinessig,
½ TL Honig,
Pfeffer (Mühle),
1 TL Öl, etwas
Gurkensud (Glas),
Schnittlauch-
röllchen oder
gehackter Dill

Zubereitung

1 Kartoffeln garen.

2 Inzwischen für den Salat abgetropfte
Rote Bete, Apfel und Gurke klein
würfeln. Zwiebel fein hacken, Hering
in mundgerechte Stücke schneiden.

3 Joghurt mit Meerrettich, Essig, Honig,
Pfeffer, Öl und etwas Gurkensud verrühren. Unter die Salatzutaten mischen.

4 Salat abschmecken, im Kühlschrank
ziehen lassen. Mit Kräutern garnieren,
mit Pellkartoffeln servieren.

✹ **ca. 435 kcal, 4 BE/5 KE** pro Person
🕐 ca. 25 Minuten
♟♟♟ einfach

Karpfen auf Speck-Rosenkohl

Zutaten

(für zwei Personen)
500 g Kartoffeln,
300 g geputzter
Rosenkohl, 1 ge-
hackte Zwiebel,
50 g magerer Roh-
schinken in feinen
Würfeln, 3 TL Öl,
100 g Champignons
in Scheiben, 2 TL
Joghurtbutter, Salz,
Muskat, gehackte
Petersilie, 250 g
Karpfenfilet (oder
300 g Seehecht-
filet), 2 EL Zitronen-
saft, rote Pfeffer-
beeren

Zubereitung

1 Kartoffeln garen, pellen, längs
vierteln.

2 Während der Kochzeit Rosenkohl
halbieren, in wenig leicht gesalzenem
Wasser zugedeckt etwa 8 Minuten
garen. Abgießen und abschrecken.

3 Zwiebel und Schinken in einer be-
schichteten Pfanne in 1 TL Öl andüns-
ten. Pilze kurz mitrösten. Kohl und
Butter dazugeben, alles bei milder
Hitze kurz weiterbraten. Mit Salz,
Muskat und Petersilie abschmecken.

4 Fisch in einer beschichteten Pfanne
im restlichen Öl von beiden Seiten
braten, leicht salzen, mit Zitronensaft
beträufeln. Auf dem Pilz-Gemüse
anrichten. Mit zerstoßenen Pfefferbeeren garnieren. Dazu die Pellkartoffeln
servieren.

✻ **ca. 500 kcal, 3 BE/3,5 KE** pro Person
🕐 ca. 35 Minuten
♟♟♟ einfach

Lachsfilet auf Orangen-Fenchel

FISCH

Zutaten

(für zwei Personen)
50 g Langkorn-
Wildreis-Mischung,
1 Sternanis, Salz,
2 Lachsfilets
(à 125 g, frisch
oder TK), Pfeffer
(Mühle), 1 EL Öl,
1 Bio-Orange
(150 g), 50 g Lauch
in Ringen, 1 Fenchel-
knolle in Streifen,
1 TL Diätmargarine,
100 ml Fischfond
oder Gemüsebrühe
(Instant), 1 EL tro-
ckener Weißwein,
50 ml Kochsahne
(15 % Fett), 1 TL
mittelscharfer Senf,
etwas Fenchelgrün
oder gehackter Dill

Zubereitung

1 Reis mit Sternanis und einer Prise
Salz zubereiten. Inzwischen (aufgetauten) Lachs leicht salzen und pfeffern. In einer beschichteten Pfanne in
Öl von beiden Seiten kurz braten. Auf
einem mit Backpapier belegten Blech
im Ofen bei 100 °C 10 Minuten garen.

2 Von der Orangenschale 1 EL feine
Streifen (Zesten) abziehen. Hälfte der
Frucht auspressen. Filets der anderen
Hälfte herauslösen, Saft auffangen.

3 Lauch und Fenchel in Margarine
andünsten. Mit Fond oder Brühe und
Wein ablöschen. Aufkochen, zugedeckt
5 Minuten garen. Orangensaft mit
Sahne und Senf schaumig aufschlagen,
mit Orangenfilets unter das Gemüse
heben, kurz miterhitzen. Lachs
auf dem Gemüse zum Reis servieren,
Sternanis entfernen. Mit Pfeffer,
Orangenzesten und Grün garnieren.

✿ **ca. 410 kcal, 2 BE/2,5 KE** pro Person
🕐 ca. 35 Minuten
👨‍🍳👨‍🍳👨‍🍳 mittel

Zander mit Meerrettich-Brokkoli

Zutaten

(für zwei Personen)
500 g mehlig-
kochende Kartof-
feln, 300 g Zander-
filet (frisch oder
TK), 1 EL Öl, 400 g
Brokkoliröschen,
Salz, 150 ml Gemü-
sebrühe (Instant),
3 EL Sauerrahm,
1 TL geriebener
Meerrettich, Mus-
kat, etwas abgerie-
bene und etwas in
feine Streifen
(Zesten) geschnit-
tene Bio-Zitronen-
schale, 150 ml
Milch (1,5 % Fett),
2 TL Joghurtbutter,
2 EL Zitronensaft,
rote Pfefferbeeren

Zubereitung

1 Kartoffeln garen, pellen, durch-
pressen.

2 (Aufgetautes) Zanderfilet in be-
schichteter Pfanne in Öl kurz braten.
Auf einem mit Backpapier belegten
Blech bei 100 °C 10 Minuten garen.

3 Brokkoli 5 Minuten in wenig Wasser
mit 1 Prise Salz zugedeckt garen,
abschrecken, abtropfen lassen. In
Brühe kurz erhitzen. Sauerrahm und
Meerrettich verrühren, unterziehen.
Mit Salz, Muskat und abgeriebener
Zitronenschale abschmecken.

4 Milch mit Butter erhitzen, mit den
Kartoffeln verrühren. Mit Salz, Muskat
und Zitronenschale abschmecken.

5 Gegarten Zander mit Zitronensaft
und Salz würzen, mit Zitronenzesten
und zerstoßenen roten Pfefferbeeren
garnieren.

✸ **ca. 480 kcal, 3,5 BE/4 KE** pro Person
🕐 ca. 40 Minuten
♟♟♟ mittel

209

Spekulatius-Pannacotta

SÜSSE SPEISEN

Zutaten

(für zwei Personen)
3 Blatt weiße Gelatine, 150 ml Milch (1,5 % Fett), 50 ml Kochsahne (15 % Fett), 2 Tropfen Rum- oder Bittermandel-Aroma, 1 TL Honig, etwas Vanillemark, ½ TL Spekulatiusgewürz (oder Zimt), 1 kleiner rotschaliger Apfel (110 g), 2 EL Zitronensaft, 1 Kiwi (60 g), 10 g Spekulatius (fein zerbröselt), etwas Bio-Zitronenschale in feinen Streifen, Zitronenmelisse

Zubereitung

1 Gelatine nach Packungsanweisung in kaltem Wasser einweichen. Milch mit Sahne, Aroma, Honig und Gewürzen mischen, kurz aufkochen.

2 Gelatine gut ausdrücken und in der heißen Gewürzmilch auflösen. Masse unter gelegentlichem Rühren etwas abkühlen lassen. In zwei kalt ausgespülte Puddingförmchen füllen und mindestens 2 Stunden kalt stellen.

3 Vor dem Servieren Apfel würfeln, mit Zitronensaft mischen. Kiwi schälen, in halbierte Scheiben oder Stücke schneiden.

4 Puddingförmchen kurz in heißes Wasser tauchen. Pannacotta auf zwei Dessertteller stürzen. Mit Früchten anrichten. Mit Spekulatiusbröseln, Zitronenschale und Melisse garnieren.

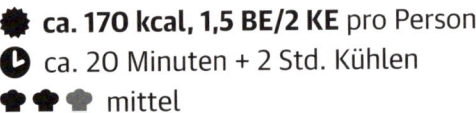

✸ **ca. 170 kcal, 1,5 BE/2 KE** pro Person
🕐 ca. 20 Minuten + 2 Std. Kühlen
♟♟♟ mittel

Reisauflauf mit Schneehaube

Zutaten

(für zwei Personen)
½ Vanilleschote,
300 ml Milch
(1,5 % Fett), Salz,
100 g Vollkornreis,
1 Sternanis, 1 Bio-
Orange (150 g),
2 Eier, 1 TL Diätmar-
garine für die Form,
10 g Puderzucker,
15 g Mandelblätt-
chen, 200 g Him-
beeren (TK), Zimt,
½ TL Honig

Zubereitung

1 Vanilleschote längs aufschneiden,
Mark herauskratzen. Beides mit Milch,
1 Prise Salz, Reis und Sternanis aufkochen. Bei kleiner Hitze 20 Minuten
ausquellen lassen, regelmäßig umrühren. Schote und Sternanis entfernen.

2 Von der Orange etwas Schale abreiben. Frucht schälen, Filets auslösen,
in Stücke schneiden. Saft auffangen.

3 Eier trennen. Auflaufform mit Margarine auspinseln. Eigelb, Orangenschale und -filets mit Reis mischen.
In die Form streichen. Eiweiß steif
schlagen, dabei Zucker einrieseln
lassen. Auf dem Reis verteilen, mit
Mandelblättchen bestreuen. Im Ofen
bei 190 °C 25 Minuten backen.

4 Himbeeren mit Orangensaft, 2 EL
Wasser, 1 Prise Zimt und Honig unter
Rühren aufkochen, zugedeckt 3 Minu-
ten köcheln lassen.

✱ **ca. 485 kcal, 5 BE/6 KE** pro Person
🕐 ca. 60 Minuten
👨‍🍳👨‍🍳👨‍🍳 mittel

Crêpes mit Bananencreme

Zutaten

(für zwei Personen)
2 Eier, 250 ml Milch
(1,5 % Fett), 1 Prise
Salz, 100 g Mehl
Type 1050, 3 TL
Kokosraspel, 125 g
Magerquark, 50 g
Frischkäse (natur,
0,2 % Fett), Vanille-
mark, 1 TL geriebe-
ner Ingwer, 1 EL
Limettensaft, 1 TL
Honig, 2 EL Mine-
ralwasser mit Koh-
lensäure, 1 kleine
Banane (100 g)
und 100 g Papaya
(Fruchtfleisch)
in Scheiben, frische
Minze, 1 EL Öl

Zubereitung

1 Für den Teig Eier mit Milch, Salz
und Mehl verquirlen, etwa 15 Minuten
quellen lassen.

2 Inzwischen Kokosraspel in einer beschichteten Pfanne ohne Fett rösten.

3 Quark mit Frischkäse, etwas Vanillemark, Ingwer, Limettensaft, Honig
und Wasser cremig rühren. Banane,
1 TL Kokosraspel und etwas gehackte
Minze unterrühren.

4 Aus dem Teig in einer beschichteten
Pfanne in Öl 4 dünne Crêpes backen,
zusammenfalten. Mit der Bananen-
creme anrichten. Papaya auf der Creme
verteilen. Mit restlichen Kokosraspeln
und Minze garnieren.

✿ **ca. 545 kcal, 4,5 BE/5,5 KE** pro Person
🕐 ca. 35 Minuten
♟♟♟ mittel

Limetten-Kardamom-Milchreis

Zutaten

(für zwei Personen)
250 ml Milch (1,5 %
Fett), 75 ml Koch-
sahne (15 % Fett),
1 Prise Salz, 100 g
Milchreis, etwas
Vanillemark, ½ TL
gemahlener Karda-
mom, 2 EL Limet-
tensaft, Süßstoff
nach Bedarf, 2 EL
gehackte Macada-
mia-Nüsse, 100 g
Mango in feinen
Spalten, 2 Kiwis
(à 60 g) in halbier-
ten Scheiben,
frische Minze

Zubereitung

1 Milch mit Sahne und Salz aufkochen.
Reis, Vanillemark und Kardamom
einrühren. Bei kleiner Hitze etwa
20 Minuten ausquellen lassen, dabei
regelmäßig umrühren. Mit Limettensaft und Süßstoff nach Bedarf abschmecken.

2 Macadamia-Nüsse in einer beschichteten Pfanne ohne Fett rösten.

3 Milchreis mit Früchten, Macadamia-
Nüssen und Minze garnieren.

SÜSSE SPEISEN

ca. 440 kcal, 4,5 BE/5,5 KE pro Person
ca. 30 Minuten
einfach

Orangen-Grießbrei mit Maracuja

Zutaten

(für zwei Personen)
1 Vanilleschote,
500 ml Milch (1,5 %
Fett), 100 ml Koch-
sahne (15 % Fett),
Salz, 80 g Weich-
weizengrieß, 1 Bio-
Orange (150 g), 1 TL
Honig, 2 Passions-
früchte (Maracujas,
ausgelöste Kerne
und Fruchtgelee,
ca. 100 g), 1 TL
Orangenlikör,
frische Minze,
Süßstoff nach
Bedarf, 2 TL ge-
hackte Pistazien

Zubereitung

1 Vanilleschote aufschlitzen, Mark
herausschaben. Mit Milch, Sahne und
1 Prise Salz aufkochen. Grieß einrühren, kurz aufkochen. Bei milder
Hitze 5 Minuten unter Rühren köcheln
lassen, von der Platte ziehen.

2 Von der Orangenschale 1 EL abreiben,
mit ½ TL Honig unter den Brei rühren.

3 Für die Soße Orange schälen.
Filets herauslösen und würfeln, dabei
Saft auffangen. Maracuja-Kerne und
-Fruchtgelee mit Orangenfilets, -saft,
restlichem Honig, Likör, etwas gehackter Minze und Süßstoff nach Bedarf
fein pürieren. Grießbrei mit der Soße
servieren. Mit Pistazien und Minze
garnieren.

 ca. 460 kcal, 4,5 BE/5,5 KE pro Person
 ca. 25 Minuten
 einfach

F = Frühling, S = Sommer, H = Herbst, W = Winter

Gericht		Seite
Limetten-Kardamon-Milchreis	W	216
Linsen-Chili mit Käse-Toast	W	182
Linsen-Eintopf mit Kabeljau	H	154
Maischolle mit Pasta Primavera	F	52
Medaillons mit Mandelkruste	S	86
Mohnauflauf mit Zwetschgen	H	160
Nizza-Salat	S	68
Nussforelle mit Kräutersoße	S	96
Obstsalat mit Krokant-Schaum	S	112
Ofen-Dorade mit Polenta	S	100
Orangen-Grießbrei mit Maracuja	W	218
Paprika-Tomaten-Pasta	S	74
Pasta, Pesto und Garnelen	S	102
Pfannkuchen mit Fruchtquark	H	156
Pfeffersteak mit Kartoffelsalat	S	90
Pilz-Pasta mit Parmaschinken	W	192
Radicchio-Cranberry-Pasta	H	140
Rehfilet in Fruchtsoße	H	138
Rehfilet mit Polenta-Sternen	W	190
Reisauflauf mit Schneehaube	W	212
Roastbeef-Kartoffel-Pfanne	F	42
Roastbeef mit Dillkartoffeln	S	92
Rote-Bete-Frikadellen	W	198
Rote-Bete-Heringssalat	W	202
Saibling im Wirsingmantel	H	150
Saibling „Müllerin Art"	F	54
Schoko-Crêpes mit Erdbeeren	F	62
Schupfnudeln mit Apfelkraut	W	184
Seelenwärmer-Suppe	W	172
Sommerleichte Frikadellen	S	84
Spargel-Erdbeer-Salat	F	20
Spargel-Linsen-Pasta	F	22
Spargel-Pasta mit Ziegenkäse	F	32
Spargelsuppe mit Basilikum-Pesto	F	18
Spekulatius-Pannacotta	W	210
Spinat-Pasta caprese	F	24
Spinat-Pasta mit Steak-Streifen	H	144
Steaks mit Currysoße und Gemüse	S	88
Steaks mit Spargel und Paprika	F	40
Surf and Turf	W	196
Thymian-Frikadellen auf Gemüse	F	38
Topfenknödel mit Kompott	H	158
Vanille-Reis mit Nüssen	H	166
Vanille-Stracciatella-Küchlein	S	108
Wintergratin mit Nusskruste	W	186
Wintersalat mit Kürbis	W	176
Zander mit Meerrettich-Brokkoli	W	208
Zander mit Pfifferlingen	H	146
Zimt-Nuss-Milchreis	S	106
Zwiebelfisch mit Rote-Bete-Salat	H	152

Abkürzungen

BE: Broteinheiten
(1 BE = 12 Gramm
Kohlenhydrate)
KE: Kohlenhydrateinheiten
(1 KE = 10 Gramm
Kohlenhydrate)
EL: Esslöffel
TL: Teelöffel
Msp.: Messerspitze
TK: Tiefgekühlt

Lust auf mehr?

Viele weitere leckere Rezepte für Menschen mit (und ohne) Diabetes finden Sie jeden Monat im *Diabetes Ratgeber*, dem kostenlosen Gesundheitsmagazin aus Ihrer Apotheke. Fragen Sie danach!

Darüber hinaus bietet Ihnen der *Diabetes Ratgeber* wertvolle Informationen rund um alle Fragen zur „Zuckerkrankheit" – unabhängig und leicht verständlich.